主持人 李四端

大雲時堂

做相信的事

大雲時堂

WELCOME TO DA-WIN DINER

我不認為我在行善，我在學習人生。

做公益讓我成長很多，學習到人性是善良的。

——張淑芬

我希望把平淡無奇的台灣食材賦予它新的定義，用更國際的視角來看台灣味。

最高的喜悅並不是當別人頒一個獎給你的時候，而是你找到創作料理的快樂。

——江振誠

你只有活一次沒有錯，但你要活得有價值，才會有尊嚴，快樂才會來啊！

要讓年輕人看到生命的意義，必須先要讓他們對生命有所感動。

——洪蘭

政治人物的生死、興衰、進退，剎那之間皆泡沫也。但是善良的循環要傳遞下去，這才是人本最珍貴的元素。

複雜的腦、單純的心：你要有複雜的頭腦應付各種挑戰，但你一定要有單純的心能抵擋一切誘惑。

——韓國瑜

雲時堂
MOMOTV

好的政府應該是小的政府，讓民間每一個人都能發揮他的長才，使周遭的人幸福。

科學家從政有一個好處，很多事情是以證據為基礎做決策。所有的政治家都應該要有好的科學推理能力，而且要相信科學專業的知識，才能做最好的政治決策。

——陳建仁

我是六年級生裡面比較早有機會接到領導者的角色，如果我能夠把它表現得好，可以讓更多的企業有信心交棒給六七年級生，台灣的整個企業新陳代謝的速度就會變快。

往前走的變化只會愈來愈快，人才最重要應該具備的是學力。這個世界需要什麼，我們就把它學起來。

——林之晨

智慧
身手
配件
補給
MOMOTV
大雲時

我做到對自己的承諾，跟對爸爸和整個家庭支持我的承諾。不管今天有沒有拿冠軍，我覺得我做到了。

——盧彥勳

身為弟弟的團隊一員，是我一生裡面最有價值的經歷。

——盧威儒

MOMOTV

一個人的心平靜時，他的能量會增加。能量增加的方法就是微笑。

一塊錢有正的能量跟負的能量，正的能量幫你賺了很多錢，負的能量將來還是會把你扣回去，永遠不賺負能量的錢。

——林蒼生

我們應該要做到端出去的作品，品質好到可以文化反侵略。他們默默地翻牆出來看，希望這種現象愈來愈濃烈。

注重細節是喜劇演員一個非常關鍵的能力，因為你要在平常裡面找到不平常，你才有辦法說出跟一般人不一樣的道理。

——曾博恩

從歌仔戲學到「忠孝節義」、學到做人的道理，它是這麼美的一個台灣文化。

我很榮幸成為傳遞歌仔戲訊息的表演者。人家說看歌仔戲的孩子不會變壞，它賦予台灣這塊土地能量。

——陳亞蘭

大雲

全世界想到民主的典範、想到在數位時代可以推動民主人權，就想到台灣。

我的初心就是去聯繫全球的民主社群，讓大家看到發生威脅挑戰的時候，不需要往專制極權的路，反而是愈來愈民主才能夠應對這些新的挑戰。

——唐鳳

大雲時堂
MOMO

執政者很重要的是你的決心、施政的優先順序，還有願意突破框架的思維。

——蔣萬安

看著他一路這樣子過來，我必須說他變得愈來愈沉著。但是回到家，這個爸爸沒有變，我們都還是一個非常和樂的家庭。

——石舫亘

兒童節目應該以兒童為主體，以他們的眼界來看世界、反映他們所看的世界，同時也訴說他們的心聲。

——陳藹玲

一定要花時間幫孩子，挑選他們成長的精神食糧。

——湯昇榮

我不去追求自己最喜歡做的事情，而是去喜歡自己做的每件事情。

武俠小說家和政治家的共通點，都需要創意。

——劉兆玄

推薦序

一個可以好好品味的節目

富邦集團董事長 **蔡明忠**

多年前我曾赴韓國首爾參加影視事業研討會，其中有個探討「韓流」主題的論壇。由於當時「韓流」正盛，因此「如何創造『韓流』並能將韓劇外銷，甚至銷往世界」是大家普遍好奇並想瞭解的。想不到在提問後，對方的回答竟是：韓流能夠興起，最該感謝台灣有線電視業者！原因是早前台灣業者最大宗的購買都是日劇，但日劇所費不貲，相較之下便宜的韓劇便大受歡迎，從而為韓劇打開了一道外銷之門。當下心中甚感震撼，身為台灣有線電視業者，在開發通路、升級硬體時，卻疏漏了最重要的關鍵，「內容才是王道」！而這件事也就在我的心中一直介懷著。

就在抱持著對台灣電視內容的產製多盡一分心力的期許下，《大雲時堂》節目誕生了。透過螢幕可以看到在那一方空間裡，賓客們在主持人的穿針引線下，或是笑談、或是聊到內心深處時情動落淚，常讓觀眾不自覺地忽略了螢幕的框架，彷彿自己也置身在大雲時堂的現場裡，傾聽著來賓們述說故事，暢談不同的理念、想法。《大雲時堂》提供的不僅是一方讓來賓暢所欲言的天地，更是豐富知識和多元聲音的匯流站，帶給社會正向影響。而這也正是MOMOTV一路成長最重視的內容價值：勇於嘗試創新，永遠給觀眾最好的娛樂。

在《大雲時堂》逾四百集的節目裡，彙集了各方的好故事，如今將精選的好內容陸續集結出版，代表MOMOTV不僅只停留在影音媒體的領域，同時也透過文字的力量，將更多的知識和靈感分享給讀者，讓我們一起支持這個充滿活力和創意的團隊，並期待未來有更多的優秀作品。而主持人李四端，充分發揮溫暖稱職的時堂主人角色，以熟稔的問答帶動節目情緒節奏，不僅深掘話題，更引發共鳴。如今節目內容化為文字集結成書，提供閱讀者更多思量與品味的空間，也愈發能感受其中對話的精妙。

最後一提，身為《大雲時堂》粉絲，我卻始終不曾有機會品嘗節目中的「好菜」！也許未來當《大雲時堂》準備推出食譜，也來邀請本人寫序時，我可以要求必須讓我親自試過每一道美食。

前言

九百位時客，感謝你們

李四端

從事電視工作，今年剛好滿四十年，用更直白的話來說，吃這行飯已經整整四十個年頭，前前後後主持了不少訪談節目，多到連數目我都有點弄不清楚，這當中的節目形式各異、主題不同，長度也不一樣，當然，維持的時間也各有不一樣的壽命，但無疑的，《大雲時堂》是我主持節目生涯中，很特別的一個例子。它超出了我的期待，我沒料到的是，節目的發展會走上這麼一條路，且聽我細說分明。

《大雲時堂》的起源其實很妙。五年多前的某個夜晚，我跟製作團隊在一處餐廳用餐，看到一個簡單的吧台，餐檯旁邊的老闆跟他熟悉的顧客之間，有一種自然不拘形式的互動，促使我們也想打造一個類似的環境，我們希望節目的來賓，也能像餐廳的情境一樣，主客間不要只是硬梆梆的話語，而是輕鬆的用餐，真心的對談，用人生的酸甜苦辣來佐餐，把艱澀的生活點滴轉化成真情的歡笑，套句比較白話的說法，就是邊吃飯邊聊天，於是，我們啟動了《大雲時堂》的棚景設計，製作團隊還逼我脫下西裝，穿上圍裙，說這會讓我的拘謹形象接地氣些，最後，我妥協了。

至於為什麼取名《時堂》，而不是《食堂》，主要是取其諧音，而「時」代表的是緊扣時事脈動，與時俱進，我們甚至在播出鏡面上，把來賓以「時客」相稱。雖然在美食的製作上，我們並不是真正很夠《食堂》，但不管時堂也好，食堂也罷，都是這個節目的元素及亮點，也讓《大雲時堂》可以稱得上是全台灣唯一一家自稱是餐廳，但是沒有營業地址的食堂。我們沒有真正的廚房，連開發票的統編也沒有，而我也只是一個認真服務的假廚師，賣力的跑跑堂還可以，真要我烹煮出什麼精美料理，那是完全不可能，但時客們來到這裡，卻總能對我們提供的服務讚美有加，哪怕有時候他們享用的，其實已經是涼掉的食物，卻依舊真誠地享受那份人與人之間的交心對談，著實讓我感恩又感動。

記得有一位前輩曾經告訴我，「訪談節目再這樣主持下去，你有一天會找不到來賓。」

當時我就想，怎麼可能？天底下來賓這麼多，應該是人人都想講話吧！既然想說話的人多的是，應該是很多人找不到節目可以上，我怎麼可能會發愁找不到來賓？但主持愈久之後，益發感覺這位前輩說過的話，真有他的正確性。問題不是來賓在哪裡，而是我們的社會，很多人都不願意說真心話，尤其不願在媒體上說真話。他們謹慎，他們保留，他們甚至不敢或者選擇不說，都各自有其理由。這個社會，本來就有很多人害怕多言，也怕失言，更深怕說話得罪人。所以到最後，訪談節目最發愁的就是，想說、會說、願意說的人愈來愈難找。這就是那位前輩所講的，節目到後來可能會找不到來賓。

正因為如此，《大雲時堂》這四百多集下來，讓我最感謝的，就是有這麼多來賓肯上節目吐露心聲。這些貴賓中，很多都具有社會極高的知名度，也具有極高影響力。他們選擇在我們這樣一個看似平凡，一個沒能真正提供所謂豪華美食或者豪華背景，甚至沒有什麼吸睛特效的節目裡，坦誠地說出他們想說的，有時候還會太暢所欲言說溜嘴，當錄影結束後，他們可能還會嘀咕：「我怎麼在節目裡說了那麼多？」

大雲時堂出書，也讓我重新審視了過去五年製作的內容，不得不說，節目的題材包羅萬象，有一集甚至做了「台灣包子店，好吃在哪裡？」還有一集做的是「關公、媽祖真能夠託夢嗎？」當然，你知道我在講誰的故事。節目也有多位台灣重要選舉的參與者蒞臨，有締造台灣經濟奇蹟的實業家講述他們創業的甘苦，有來賓分享他們因為巧思而獲得的至高榮譽，更多來賓講述他們伴隨台灣成長的歷史，還有各行各業的專家達人到節目中分享喜怒哀樂，有咖啡師、麵包師、氣球達人、小丑表演者、公益家、技藝家。這些各行各業的箇中翹楚，他們都是努力生活的人，他們的成就多半是來自自己的堅毅與堅持，來自歲月的淬鍊甚至折磨，讓他們悟出了生命的道理，並且轉化成動人的話語，讓觀眾得到了享受跟學習。我相信，這是《大雲時堂》最引以為傲的地方，這份匯聚與坦然交心，能夠在節目中毫無保留的呈現與洋溢，是我原先沒有預料到的，《大雲時堂》我覺得它好，就是好在這裡。

以此刻台灣，甚至從全世界的角度，審視當今的媒體環境，像《大雲時堂》這麼一個節奏並不算快，談話時間不算短，而且節目布景到現在都沒有改變過，這種看似略顯單調的節目類型，卻還能夠被觀眾繼續接受，我想，靠的就是《時堂》與當下速食的媒體有所區隔。《大雲時堂》不像當下的網路世界，趕流行的快速精簡，甚至草草急就章的極短篇故事。它是精心調製的內容，值得觀眾花時間去看，花時間去聽，花時間去消化，花時間去細細品味。在網紅流行的今日，竟然還有高度存在的價值，而且還撐過了五年，觀眾和來賓們的支持，怎不讓我們感恩與感動！

我同時也回顧了節目製作過程，製作團隊從發想，到來賓邀請，到主題濾定，討論過程中經常有爭執，甚至相對怒視，這些言詞上的磨擦或齟齬，不是合作上有困難，而是大家都太想把節目做好。因此，我非常感謝所有參與的同仁們，更要感謝MOMOTV對這個節目提供的資源與支持，如果沒有這一切，這個節目終究將只是一個泡影跟空想而已。

除了以上許許多多的團隊幕後英雄，我尤其感激對大雲時堂一路走來最重要的兩位支持者，富邦集團董事長蔡明忠先生和大人陳藹玲女士。他們打從節目開始即信任我，且鼓勵不斷，從他們那裡得到的盡是掌聲和肯定，有這樣的期許加油，時堂的夥伴們自然不敢懈怠，大雲時堂今天的招牌是他們兩位幫忙搭建起來的，更期待未來他們也能繼續以節目為榮。

放眼《大雲時堂》的未來，我覺得談話性節目無論是以什麼形式，或在哪一種媒體上呈現，都會有它自己的一片天空。因為從幼童的床邊故事開始，每個人就喜歡聽故事，成長的過程中，我們尤其喜歡聽別人的人生曲折，在別人精采的故事裡，我們常常會好奇，故事的主人翁是靠著什麼本領和堅持，才挺過一道又一道的人生關卡，我們甚至會幻想，當我們和主人翁身處相同的環境與考驗，又會得到怎麼樣的生命領悟，而在訪談節目中，從別人的生命故事裡，也許我們可以學習到，讓自己變得比以前更好。因此，我相信《大雲時堂》將來無論以什麼樣的形式呈現，都會一本初衷，秉持製作原則的幾個字：尊重、真誠、發自內心、發自真心。我也相信，我們的社會依舊美好，周圍的人性依舊善良，我們的世界依舊充滿希望。最後，再次感謝曾經在《時堂》駐足過的貴賓們，未來，期待更多夢想名單中的賓客也能陸續光臨本店，加入《大雲時堂》的行列。

目錄

推薦序　一個可以好好品味的節目　蔡明忠　33
前言　九百位時客，感謝你們　李四端　37

（依節目播出日期排序）

張淑芬——不只是行善，我在學習人生　45
江振誠——味道是最直接的文化傳承，建立台灣味譜　63
洪　蘭——人生最值得的事，你有沒有每天做點好事　83
韓國瑜——複雜的腦，單純的心　107
陳建仁——台灣有兩千三百萬個無名英雄　125
林之晨——擁有好學力，就是好人才　147
盧彥勳——我做到對自己跟對家庭的承諾　169

盧威儒——我們是退役，不是退休 169
林蒼生——企業發展仰賴「清富」觀念 187
曾博恩——別忘了我是領頭羊，喜劇可以改變世界 209
陳亞蘭——看歌仔戲的孩子不會變壞 233
唐　鳳——資安要養成良好的習慣，全民數位韌性 253
蔣萬安——台北市需要年輕、活力與創新思維 273
石舫亘——他有自己的堅持 273
陳藹玲——親子共視，增進親密關係 297
湯昇榮——兒少節目不能只用大人的視角 297
劉兆玄——我不追求自己喜歡做的事，而是喜歡自己做的每件事 317
附
雲端食光，端哥上菜 337
大雲時堂的成長軌跡 342

本書內容取自《大雲時堂》電視節目，
受限篇幅，引錄部分皆有所刪節。
如欲瞭解完整內容，請循文末所附連結至網路觀賞。

張淑芬：

不只是行善，我在學習人生

· 端哥開場

台積電創辦人張忠謀的夫人張淑芬，從二〇〇九年接下台積電志工社社長，到二〇一七年台積電慈善基金會的董事長，做公益十餘年，不僅把台積電慈善基金會做大，還整合資源，號召更多企業發展公益平台，一起「把愛送出去」。

把自己稱作是「慈善公益女業務員」，張淑芬實際上卻更貼近自己書名中所提的「引路」者角色，而引導什麼路？要通往何處？「引導把人心打開，從而走到自己滿意，自己喜歡自己的路；我覺得做人最主要是讓自己開心，所以引導自己、做自己愛自己的人」。

一路走來，源源不絕支持張淑芬的，是她心中那分愛的力量，張淑芬說力量部分來自於天生，另外一部分則來自於「感恩」，感恩於與先生張忠謀兩人的幸福、福報滿載，她說：「我願意把這個福報拿出來，跟人家共享，要是我走一步，可以幫助到別人的話，這一步再累，我都會願意做。」

不讓自己只單純過著貴婦的舒適生活，也不把走在第一線的辛苦、求人當做付出，張淑芬用自己的行動持續感動更多人。

李四端：面對世界，台積電無疑是台灣最響亮的一塊金字招牌，但除了生產晶圓之外，台積電也在台灣促進一項重要的事情，就是運用智慧來推動公益事業，而引路的負責人是誰呢？歡迎台積電慈善基金會董事長張淑芬女士來到大雲時堂。我注意到最近你有一本新書《引路》，封面的相片很漂亮，誰選的？

張淑芬：Morris（張忠謀）選的封面，可是這個相片不是特別照的，我想是十多年前的運動會，有個記者趁我們在台上照的，沒有特別打光。後來我太喜歡了，因為把我拍得很年輕。

李四端：這本書的標題很吸引人，叫做《引路：張淑芬與台積電用智慧行善的公益足跡》。行善，台灣很多人做，行善之路也很多人在走，但是「智慧」「行善」，聰明跟慈悲加在一塊，我想只有台積電的人可以用對不對，為什麼書名要叫《引路》？

張淑芬：事實上《引路》是出版社給我選的。王發行人（王力行）跟我在談的時候，我第一個就說用台積電，不要拿我當主題，因為是他們（出版社）看到我們做公益的成果，為我們寫的。到後來他們做封面，有幾個都是台積電比較大的字在裡面，中間有一個很特別是《引路》，我們就決定用了，我覺得滿有意思的。

李四端：引路，這條路是引導什麼之路，而且要通往何處？

張淑芬：我在走公益的時候，我是引導把人的心打開，而走到自己滿意自己、喜歡自己的路。我覺得做人，最主要是讓自己開心，所以最終引導自己「做個愛自己的人」。

李四端：你說行善就是一定要快樂的心，這是最重要的對不對？

張淑芬：我不認為我在行善，我在學習人生。因為台積電是一個很好的公司，這些人成功大概有道理，他們滿有智慧的，譬如說我有一個Idea出來，他們可以拿出十個Idea讓我挑。另外台積電的志工社有一萬多人，他們在外面做的事情，從報告裡面，你也可以學習到東西，所以這是互相學習的。

李四端：二〇〇九年你被請加入台積電志工社，你們最早時候是做導覽的，因為台中自然科學博物館，台積電有捐贈「半導體的世界」需要導覽人員，最後就變成公司內很多同仁願意加入做志工服務，請你做志工社社長。這本書記載的就是台積電的人跟你如何結合，用智慧的方式走出一條社會不一樣的公益之路。你當初有沒有想到這十一年會走出這麼大的一片工作？

張淑芬：沒有，我這人是不做計畫的，這條路一面走、一面看，一面擴散。就像你學會雪裡紅炒肉絲，你本身就有肉絲了，你用榨菜又變成多了一道菜，從榨菜肉絲裡面，你又可加另外一道菜，所以你是不斷地學習，這個學是沒有計畫性的。

李四端：台積電志工社後來碰到好幾起重大事件，包括二〇一四年高雄氣爆事件，這是台灣很重大的一件公安事故，當時的整個過程對你記憶猶新吧。

張淑芬：事實上我們應該從八八風災（二〇〇九年）開始講起，因為那時候我還沒進去志工社。當時你一打開電視，都是跑馬燈哪一家捐多少錢，我就打電話給Morris說，「你們不要亂捐錢」，他說「你曉不曉得，我還在開董事會」，然後就掛我電話，也不理我。那天董事會晚上有飯局我去了，他們那時要捐兩億，有一億是給我們的員工。然後我代表公司下去看南部同事們，剛下車的時候，他們就跟我講，「夫人，很臭，你會受不了」，因為天氣又熱，我跟他講沒有關係，一路走的時候，我看到了軍人們扛著死掉的豬，看到了同仁們在洗家具，所以這等於是我第一次走到第一線。我跟一個同仁的爸爸講：「你辛苦了」，他回答一句話，我到現在還記得，因為一般人看到董事長太太來可能會請求幫忙，他不是，他跟我講「天災嘛能怎麼辦」，我就覺得這人很了不起，我應該學習。很多事情你遇到的時候，不要去怨恨，要去接受。

那一天我們要離開的時候，另外有一個小村落，他們問我要不要去看？我說好，哇，走進去就像到水泥工廠，全部髒兮兮的，同仁沒有讓我去他們家裡，我說公司有開宿舍可以去洗澡睡覺，他說剛剛村長廣播不要離開家，因為可能會有人搶劫。

所以這種事情你走到第一線的時候，你學習到人心的問題，學習到你未曾想過的問題。

李四端：後來每遇類似天災的濟助事件，你都選擇走第一線，就是你想去看到底最需要做什麼？

張淑芬：對，因為我不要浪費錢。我們能做什麼？而且我們做的東西沒有耽誤到政府？因為我們不能跟政府搶工。

李四端：你有一句話很特別，你說尤其像台積電這麼大的企業做公益幫助的事情，一定要冷靜，什麼意思？

張淑芬：像地震的時候（二〇一八年花蓮強震），處長跟我一道去，我們驚嚇於看到地面整個是裂開的，當下最主要就是你能做什麼？不要亂答應，也不要衝動；第二，你能做，公司能不能做？第三，你做了，會不會影響到政府的工作？

李四端：你談話的時候儼然像一個管理者，非常仔細的評估這些情勢。張董事長有幫忙評估這些事情，還是都讓你放手做？

張淑芬：沒有，他問都不問。

李四端：但是你當初接志工社，他給你兩個條件對不對？

張淑芬：對，第一不能碰錢，第二不要強迫他的員工當志工。花蓮地震那次，我直接行動，當下就打電話給同仁。地震隔天早上，我帶著同仁從台北到花蓮去，六點多的火車，講良心我真的不夠體貼，我沒有想到第一班車六點多，人家五點多就要上到台北來跟我會合。Morris不知道，打電話給我說你在哪裡？我說我在火車上，我要去花蓮了。他已經曉得我的個性。

李四端：花蓮大地震充分顯示所謂台積電的幫助力量。到了那邊之後你還記得看到什麼嗎？

張淑芬：我記得，事實上我到每個點都有很多記者來圍住我，在高雄也是。那時候公關的人不了解我的個性，很擔心記者會問我們要捐多少錢，我們到高雄根本沒想到要捐多少錢的事情，所以他們問我，我就只回答：「愛值多少錢？」講起我去花蓮的時候，當天晚上看到一個大建築物倒下來，對我而言震驚之外，我曉得我當場不能做任何決定，因為這是專業的問題，這是很大的問題，屬於政府的事情。那時候要過年嘛，我們本來以為就去幫人家修修房子，讓人家可以過年，但這次不是這個問題了，我就在想我們能做什麼？第一，這一定要專業的。有一個家庭主婦請我們去看她家，她說我的家好好的，可是他們說我家不能住。她的家看起來是好的，可是外面裂開這麼寬的縫，我跟她講這不能住，聽政府的。那棟倒塌的大樓，一樓已經在下面，眼前看到的是二樓，還有人進去救人，旁邊有不同的救護人員，我自然戴著念珠在那裡替往生者念經，我內心是很感動，這個時候的我絕對不敢進去，可是這些消防隊的人進去，這是我學習到的。剛剛看的那些地方，做不了什麼事情，後來我們就到更遠的地方看，我們能做什麼？因為斷水嘛，當下能做的就是送了十部水車上來供應。

李四端：這點很有意思，台積電由於自己廠房的生產需要，對於水是非常重視的，所以能立刻召集組成一個水車隊，提供當時花蓮居民最需要的乾淨用水。

張淑芬：另外，因為同時還有地震，所以我們出三倍的錢去幫人家把家具搬下來。

李四端：這些都是有困難度的工作，但你們的專長在速度，以及全面性的考慮。以那次花蓮的情況來看，你去了之後，很快台積電提出一個完整方案分三個階段：從安置，讓他們生活安全沒有顧慮；第二個階段你做了更多，開始幫他們重建住宅，重建他們的生活所需。還有到後來，讓你們所有同仁去花蓮觀光！

張淑芬：對，七千多人去旅遊，台積電把他們的智慧也肯用在公益上面。

李四端：但台積電的做法不一樣，尤其在你的領導之下「拿出行動」，而且行動的難度很高。很多人做公益都是捐錢，愈大的企業愈該給我大錢，你的看法完全不一樣？

張淑芬：四川震災的時候（二〇〇八年汶川大地震），捐款有多少錢！我本來要去四川幫忙的，他們就說幫幫忙你不要來，你來了會增加我們麻煩。所以從那時候開始，我就去聽一些基金會在做些什麼？他們的錢從哪裡來？他們如何花這個錢？後來我覺得很多人捐的錢，不見得百分之百用在刀口上，別人怎麼花你不知道，可是公司拿出這個錢是公司營利的錢，也是股東的錢，為什麼我到現在才有個基金會，是因為我先生覺得他要對他的股東跟他的同仁負責任，所以他不能讓他的太太出來做事，可是他忘了我不拿錢的。在他的那種管理之下，你很自然的明白錢不要浪費。

我一直很感謝「團結的力量」，並不是只有台積電，我們在做什麼事情都有一些互助廠商一起做。八八水災的時候，台積電捐兩億，一億給政府，一億給同仁。卻有些同仁說我經濟夠不需要拿這些錢，而這些錢讓我們在兩個禮拜之內幫助九十七間學校清空順利開學，第一頓的營養午餐就有了。所以不是只有台積電，互助廠商也隨便我們付款，因為他們曉得我們是做善事。

李四端：這樣做能得到什麼樣的好處？

張淑芬：我從來沒想到好處耶，完成了事情吧，因為我做得事情太多了，就拿花蓮這次案件裡面，我學習到如何替別人把一萬一戶找出來。

李四端：的確你的計畫太多了，我先跟觀眾解釋一下，一萬一戶就是在花蓮震災之後延伸出來，發現很多孤獨貧苦的人需要救助，而這個救助是長遠的工作（號召企業或多人集資捐款，每月一萬元為期一年）。於是你以一戶每月捐助一萬元作為目標，但是你不僅給，過程中有一套非常嚴密的考核制度？

張淑芬：我們會去監督，負責任。

李四端：你說你自己是一個慈善公益的女業務員，出席場合就叫人家來幫助一萬一戶，認捐這個？

張淑芬：我會讓你放心，你捐的錢沒有浪費掉，中間我們會去看；我朋友說你們竟然會叫我停了先不要寄。我說對象一定是去喝酒，被我們知道了。所以這種一萬一戶，是讓你捐的放心，而我的想法是台積電的人不能捐這一萬一戶，因為放進台積電的平台一定很快被認走。我是希望能變成花蓮、台中每個地區都有一萬一戶的團體來捐，自然你會去看他們的話，那就變成朋友。

李四端：你推動這麼多的工作，熱情從來沒有疲勞過嗎？

張淑芬：有個記者跟我十幾年，他說你幹嘛那麼辛苦去做這些事情，還要去求人？我說我不覺得辛苦，不覺得在求人，我在幫人家做事情而已。這是個觀念的問題。我覺得要是我這樣子去做，能讓社會的愛擴散，有些人想做而他們沒有點，我這邊有點給你，你們就來做，而且你們放心這錢不經過我，可是你要跟我做十二個月。

李四端：這些被你幫助的人有沒有當面給過你讚許？

張淑芬：做完就走了，你不會等著他們講什麼。不過有一次我在飛機上，有個男的看到我一直笑，因為看到我笑的人很多，我也跟他一直笑，結果後來他傳了一張紙條給我：謝謝你照顧了高雄（氣爆的受害者），我的父母親住在那邊。當然我當下是很高興，可是我不會把這種東西抓在心裡面。我不需要業績。

李四端：「不要業績」，只要更多人能夠得到幫助。

張淑芬：對，人家要我出來講志工的事情、慈善的故事，我都很願意，因為我希望大家可以凝聚在一起，這股愛的力量光芒是很大的。

李四端：你們不僅自己做，而且現在有一個愛心平台，只要你去講，大家都欣然同意是不是？

張淑芬：不見得，事實上我做演講的時候，我沒有期待任何事情。跑了那麼多的地方，你會發現最不公平的是教育，鄉下小孩的教育跟城市裡是不一樣的，而且這些小孩長大了以後趕不上社會，有很多團體包括均一、永齡、博愛，他們已經扎根得很好，他們的點已經做得很好，有很好的材料，我們可以放在一起。他們的點需要食物，我們就請食物廠商送過去。

李四端：在整個志工服務裡面，你們還有個振興「孝道」的工作？

張淑芬：我有個平台叫「愛互聯」，包括台北、新竹、台中、台南、高雄都有不同的基金會，在照顧低收入的老人。在那個環境裡面，你走第一線時會發現，社會上人心的熱情減少了，那怎麼辦？我就跟人家講我要推廣孝道，我自動開記者會，記者很多人都曉得我的個性。媒體就幫忙寫了，寫了以後我就拿給政府看，說媒體在注意我們。

有次開會時我看到一紙公文，那時候我真的是眼眶紅了，因為沒有教育部的幫忙，這件事情辦不出來的。他們寫公文給各學校的老師，規定多少時間要有孝道的題材

「要是我走一步可以幫助到別人的話，
這一步再累，我都會願意做。」

在裡面。可是這個教材，是不是真正好的教材？因為這已經是我碰不到的東西，我也不願放棄，就去煩教育部長（葉俊榮），我想要知道教材是什麼，我說我這個人做事並不是做表面上的，他很明示地跟我講，不管誰來當教育部長，孝道已經注入到課程裡面。

李四端：所以你不厭其煩、鍥而不捨找到教育部，就像你剛剛講的冷靜下來，評估誰的力量最能夠幫助你。這次疫情期間，你跟張董事長有沒有格外注意？

張淑芬：我先生是直接講，他是不出來的，除了家裡就是辦公室，辦公室也並不是每天都去。這一次我看到的人性，就是有些人很乖，他們遵守保護自己，不給別人添麻煩。可是為什麼有些人明明知道危險還要出去玩，這些人應該檢討自己，為自己好、為一個社區好、為一個國家好的時候，應該不要只是以我為大，而是把自己放小，保護好自己。

李四端：對於這個疫情他有沒有感到很憂心？

張淑芬：他很憂心，他覺得這個戰爭是還看不到的。他滿厲害的，半年前就講經濟一定會有問題。

李四端：對一個從事公益的人，這次疫情發展，你覺得未來有什麼新的方向可以去做？

張淑芬：我想我們學習到了，洗手有多重要。以後我會讓志工們致力於幫人做清潔的工作，除了過年的時候幫老伯伯們整家、洗家之外，並沒有做特別的乾淨教育，所以這一次我們可以出去的話，我會重視這一塊。

李四端：看到這本書記載了這麼多公益事跡，我想問你心中這個愛的力量是哪裡來的？

張淑芬：我想一部分是天生，另外一部分是感恩。我跟Morris兩個人的幸福，我們的福報很多，我願意把這個福報拿出來跟人家共享。要是我走一步，可以幫助到別人的話，這一步再累，我都會願意做。

李四端：這一定是他最喜歡你的原因。

張淑芬：他從來沒有講過，他最好我每天在家。

李四端：我覺得一個願意如此行動且充滿執行力的人，還把自己講得如此簡單，這很不容易啊。

張淑芬：是嗎？我覺得我就是在做事而已，我沒有想到別人眼睛裡面看到的我是做很多。我想這些同仁們，也從來不認為我們做很多，我們就是一項一項的做，分工的做。

李四端：這裡面正需要你自己的一份投入感，你的愛心力量，所以你才能在第一線帶領這個隊伍。十一年下來你有沒有什麼心得告訴我們，或許社會有更多人願意在引領之下也走上這條路。

張淑芬：大家喜歡聽我演講，就是因為我走第一線，我講每個故事的時候，完全是不同的一個人，他們看到我分享故事的熱情，可是那個就是我。我也希望別人看到我的熱情時，也來嘗試走第一線的感覺。像台積電很多人除了做台積電志工社，他們還去做別人的志工，別人志工不能做的事情拿回來讓我們做，所以這種東西是互相地滾動，幸福的人願意把自己的幸福跟別人家分享。

李四端：可是社會還是有很多人，也包括這次疫情關係，深怕將來我們會更疏離，大家講的社會距離，你擔不擔心共同分享、共同感染的力量，會因為這次疫情受到打擊？

張淑芬：會，而且這次疫情影響到很多人的工作。將來經濟會怎麼樣，對一個企業跟政府是很大的一個挑戰，要是這本書裡面的故事能讓你開心，或是你想把心裡的苦悶或自己的快樂去找一個出路的話，很歡迎看這本書，此外裡面有把愛送出去的網站，打個電話給我們。譬如你是一個企業家，來找我去做演講，我會知道你們公司在做什麼，我到後來都會講，你們要是想創立一個社團或做什麼事情，我願意帶你們，把我們的經驗全部帶給你們。所以這種東西你會看到人間的美、人間的善，這種東西就是感恩。

李四端：此時此刻尤其具有意義，因為未來我們會需要更多彼此互相的幫助，互相的關愛，而不是互相的疏離。你告訴我們就是用行動去做。

張淑芬：是啊，不管什麼樣的分享，不是要有錢，只要你有行動力，就可以感受到別人的溫暖。

李四端：我最後一個問題，你跟張董事長的婚姻幸福之道是什麼？

張淑芬：彼此尊重，我聽他的比較多。婚姻是兩個人相依為命，並不是吵架要爭我做的對、還是你做的對，互相為對方想，你就摸得到那種溫暖，真的珍惜。

李四端：謝謝你分享《引路》的經驗。我覺得最重要就是希望更多人在這條路上跟你一起走吧。

張淑芬：我最大希望，就是大家能來參與愛互聯的平台。因為這個讓我成長很多，學習到人性是善良的。

（二〇二〇年四月）

線上觀賞

SCAN ME

江振誠：味道是最直接的文化傳承，建立台灣味譜

· 端哥開場

世界名廚江振誠說：「我希望把平淡無奇的台灣食材，用更國際的視角和烹調手法，創作出新的菜式，賦予台灣食材新的生命。」江振誠眼中，廚藝就是創作。一塊看起來再普通不過的豆腐，被他創作成口感精緻的義式提拉米蘇蛋糕。淺嘗一口瞬間，眼睛彷彿被嘴巴騙了，視覺和味覺有截然不同的體會。眼睛看著的是豆腐，嘴裡嘗到的卻是提拉米蘇。

國際上獲獎無數的江振誠是廚藝界的藝術家，他說：「真正讓我快樂的是做料理，用料理來創作！」他的快樂不是靠國際星級主廚的榮譽來肯定，而是創作、創作。不斷的用料理來創作，是他快樂的泉源，更是他終身的期許。

江振誠現在更努力的在尋找台灣味。他要找出台灣口味的基因DNA，建立台灣食譜的族譜。並從族譜中創作出新的台灣味，讓台灣味道能夠一代一代傳承下去。

李四端：大雲時堂從開業以來一直夢想有今天這個時刻，期待緊張，真正世界名廚坐在我們這邊，歡迎江振誠先生，還有一位是你的工作夥伴吧？

江振誠：我們餐廳RAW的點心主廚Angel。特別先帶給端哥一個最新的台灣味的甜點，它看起來跟吃起來完全不一樣，它看起來是中式的，但是吃起來是西式的。

李四端：這裡面最主要的材料是什麼？

Angel：它裡面主要有豆腐、豆漿，還有用白巧克力來提味。看起來像是豆腐，可是吃起來像提拉米蘇。

李四端：在你的整個系列裡面，這一道甜點代表什麼特別意義？

江振誠：代表黃豆的一生。黃豆從豆漿、豆腐、豆渣、豆酥，其實有點像當初我創立餐廳的一個初衷，我希望用更國際的視角來看台灣味這件事情，而非我們看這些台灣的在地食材，可能覺得它就是清燙、爆炒等很簡單的烹調方式，我們能不能用不一樣的視角，用同樣的食材，然後讓它能夠發揮百分之百或百分之一百二十的價值。我們從開始的第一天到現在，用的所有食材，都是從台灣各地去發掘的，黃豆是最近我很想要表達的一個訊息。

李四端：你的店裡面一年大概推出多少道不同的菜？

江振誠：大概上百道。

李四端：你都有一本紀錄對不對？這本《八角哲學》就是你們店一整年的紀錄。

江振誠：這個是新加坡餐廳Restaurant ANDRE，我的第一家店，因為沒有菜單，所以我們從一月一號到十二月三十一號，記錄一整年三百六十五天創作的一百八十六道菜。

李四端：這些菜全部都是來自於你和你的團隊。我看過你介紹自己團隊的組合，每個人都要各司其職，你所謂的引擎理論。你剛剛講要把黃豆的一生都融合在裡面然後呢？他們自己去想，還是你把它都想好了程序？

江振誠：通常我會畫一個框框，我會告訴他，我想要談台灣的黃豆。第二件事情是我幻想它是什麼樣的組合跟味道，第一個階段大概就這個樣子。然後接下來在這個框框裡面，他可以自由活動、自由想像，他覺得黃豆的一生是鹹的還是甜的？黃豆對台灣的影響重要性是什麼？他必須要去尋找答案。他們會開始從他們的想像裡面給我一個畫面，可能這個畫面我覺得可以更好，或者這個完全不是我想像的訊息，也或者比我想像中還要更好。

李四端：所以從你的構思開啟，到他們成品初步的模型或者任何的形象到你這邊，要經過多少的程序修正，最後才出現我們看到的這麼漂亮一本紀錄，到底一道菜需要經過多久生成？

江振誠：每一個創作可以是三天，可以是三個月。有的時候我們覺得這個跟期待的味道好像差太遠了，我們就先把它擺一邊，然後開始做其他的發展。

李四端：所以不是你來示範做每一道，而是從下面他們自己先開始？

江振誠：最後完成的成品一定是我，但是中間過程，我希望團隊每一個都是親自參與的才有意義。

李四端：像我們今天吃的這個，它有名字嗎？

江振誠：沒有，我們的菜都沒有名字，就是豆漿、豆腐、豆渣。

李四端：你只讓我們看到那個組合，你不喜歡給菜取名字，為什麼？

江振誠：我覺得這是一個餐飲的心理學。如果我今天給你一個很漂亮的句子，你或許會專注在那個技巧或調味上面，但如果我給你的只是食材，你會注意到盤子上的這一個食材，食材跟食材之間的關係。

李四端：一年一百多道菜，大概都是這樣類似過程出現的，為什麼需要一年不斷地創作而且都不重複，難道不能有個定下來的一道或者幾道東西嗎？

江振誠：很多人對餐飲界不了解或是說對料理界不了解，它是一個非常辛苦的過程。工作時間很長，為什麼我還願意做這個工作？它最快樂的地方在哪裡？其實就是創作，就是那百分之五的過程。這個過程沒有受到任何環境或者任何東西阻礙，完全可以天馬行空的，是一件最快樂的事情，當一個廚師最快樂的那百分之五。

李四端：所以你的事業其實說明了你不斷地走向一個創新之路，每一道路走下來，你都是在看明天，而非往後看，你一直往前突破。

江振誠：端哥在看這個甜點的時候，想像它是什麼樣的味道？

李四端：我想就是一塊白豆腐，看起來有一點乾乾無味的感覺，但是等會我的味蕾會告訴我，完全不一樣是不是？我要大口還是小口輕嘗？

江振誠：都可以，喜歡怎麼吃就怎麼吃。

李四端：我突然發覺好像少了一杯咖啡，這就是一個提拉米蘇啊。（品嘗甜點）你要製造落差給我是不是，我的眼睛跟嘴巴完全不能協調。

江振誠：而且這道菜完全沒有用到任何的乳製品。黃豆對台灣人的生活是再平常不過的東西，我們每天碰到它，它還有什麼樣的可能性？我們能不能夠把這個材料發揮到百分之百、百分之一百二十？我希望能夠把平淡無奇的台灣食材賦予它一個新的定義，新的生命，這是我們覺得最開心的事。

李四端：在整個餐飲界，你儼然已經形成一個相當重要的品牌，但你現在要替台灣菜來做一件大的工程，那是一個什麼樣的工程？

江振誠：我從六、七年前開始做「台灣味論壇」，然後發現我們常常希望把台灣介紹給世界各地的人，或是想要告訴別人什麼是台灣料理，卻一直很難找到一個很精準的解釋。因為我們沒有清楚地去整理過我們自己的ＤＮＡ，譬如說在八大料理裡面，川菜是很清楚鉅細靡遺地記載它的味型的組合，那個是可以告訴別人什麼是川菜，而我們是不是需要透過這樣的整理，告訴所有人說這個就是台灣料理。過去五、六年我一直鑽研在這個上面，因為我覺得這是我可能接下來五到十年最重要的一個任務，其實說難不難，說簡單不簡單。

李四端：我覺得很難耶，怎麼做？

江振誠：其實它就是一個大數據的蒐集，把在台灣發生的所有這些食譜、味道重新組合，從上到下疊在一起之後，重複的這些基因它就是我們的味型，簡單來說就是這樣子。譬如說你會發現我們有很多的三杯，很多的紅糟、很多的鹹酥、很多的鹹香甜，這些我們習以為常的味道，但是對其他的料理來說它從來沒有發生過，那就是我們的基因，就是我們的味型。當味型建立下來之後，才能夠一代傳一代。現在我們已經開始在把所有的資源彙整，從之前到現在以及中間的演變，每一個東西它都需要是事實，更重要的是必須能引經據典地記錄下來，它才能夠進入到台灣味譜裡面。

李四端：現在你是一個人獨立來進行，還是你有一個很大的團隊？

江振誠：沒有很大的團隊，基本上是我和我自己的資源在做這件事情。所以花的時間相對會更長，我沒有給自己一個時間表，現在也在跟政府單位接觸，因為我覺得最終定義台灣味這件事情，不管在任何一個國家，它都應該是一個國家的資源跟資產。我也希望自己是那個登高一呼能夠把資源整合的人。

李四端：我們談到的不是一個美食，而是一個文化資產，為什麼我們要做？

江振誠：因為對我們來說它是一個文化的傳承，味道就是一個最直接的傳承。我們沒有很清楚地整理這一個部分，這是對我們最直接的關係，它也是寫歷史的一個部分。以前沒有這樣的記錄，以後也很難有這樣的記錄，我們正好是生活在一個最關鍵的交叉路口，就是一個轉折點，因為做出這一道菜叫做台灣料理的這位主廚，可能現在他還健在，但是下一代就沒有辦法蒐集到他所有的資料，所以我覺得這件事情必須要在我的這個年代完成的。

李四端：將來我們大概會用什麼方式來介紹台灣菜，你希望看到什麼樣的表達方式？什麼叫台灣菜，什麼叫做台灣味？

江振誠：台灣味譜它就是一個DNA，每一個世代可以有不一樣的解釋方式，就好像說三杯，從最早的三杯雞可能是我們上上一代開始做的；到了我們上一代有三杯中卷，三杯其他食材；到我們的這一代，可以三杯鵝肝。我們的下一代或許用蚱蜢、鴕鳥……我不知道，但是我們的DNA不會不見。當我們沒有這個味型的時候，我們就不知道從哪裡去溯源，所以這個是我覺得台灣料理或是說台灣味必須要建立的，不是在菜色上面，菜色是會改變的，但是這個味型是永遠不會變的。

李四端：很多人說你是台灣得到「星」（米其林）最多的主廚，九顆沒錯吧，這些榮譽對你來講的意義是什麼？

江振誠：對團隊來說是一種肯定，但是對我個人反而意義是相對來得少。我想每一個人做料理或是做一件他喜歡的事情，有一個屬於自己的理由，這會是目的。而我並不是為了摘星這個目的去做這件事情。

李四端：你的樂趣並不在於什麼獎項的肯定，其實你有好幾件事情也引起大家廣泛的討論，包括你在人生得到一些榮譽最高潮的時刻，你可以把一個店重新歸零，你甚至把星也可以交回去！我這樣子問好了，為什麼要這麼大費周章？

江振誠：我在法國開始做料理到現在，學習過程全部都是在米其林三星的餐廳，所以對於能夠得到星星是我前段時間最重要的一個目的，因為我就是在這樣子的環境長大。但是當我到了那個狀態的時候，我才發現自己真正的快樂並不是摘星這一件事情，所以我決定把它還給原來授星的單位，為什麼？因為它是一件重要的事情，當別人送你一個珍貴禮物，你不應該把它丟掉吧；不過之後國內外所有媒體都在報導這件事情，我在自己的社群上發了作家楊絳寫的〈一百歲感言〉，解釋了我想要說的：「我們曾如此渴望生命的波瀾，到最後才發現人生最曼妙的風景，竟是內心的淡定與從容。我們曾如此期盼外界的認可，到最後才知道世界是自己的，與他人毫無關係。」

如我寫的第一本書《初心》一樣，真正到了那個狀態的時候，我才了解什麼事情能讓我真正快樂——原來是做料理這件事情，原來是創作這件事情。

李四端：所以你不需要榮譽牽絆著你，也告訴外界你的本意絕非如此，不過那畢竟是一個最高的榮譽。

江振誠：最高的榮譽應該是最高的喜悅，對吧。那個喜悅並不是當別人頒一個獎給你的時候，而是你找到做這一件事情的快樂。我做完每一個創作時，都像得了獎一樣的快樂，就像這個甜點一樣。

李四端：我相信在很多人眼中你是他們的偶像，他們應不應該去追求這些榮譽？

江振誠：每個餐廳就像是一個運動員般，有的能跑一百公尺，有的跑馬拉松，有的跳高，是不是有一種運動能夠代表他就是好的運動員？沒有。我從來沒有上過廚藝學校，一直以來用自己的方式學習如何當一個廚師，在這個過程當中，我希望跟世界上最好的廚師在最好的單位工作，希望得到最高的榮譽，但是最後我發現真的能夠讓我快樂，並且覺得自己像一個廚師，是我在最開始的時候就擁有的，而不是學成之後的那個階段。所以我希望自己回到原來那個狀態，也希望把經驗跟更多人分享。

李四端：想追隨你腳步的人，體會初心是非常重要的。你還帶來了一個本子，這裡面記錄的是什麼？

江振誠：這是我隨時拿起來亂畫的一個本子。以前我畫在杯墊、衛生紙，只要我畫的這道菜做出來，這個紙就揉掉了。有一天我發現太太一直在撿那些杯墊、衛生紙，她受不了了終於給我個本子，說你把所有你想要畫的東西都畫在上面。

李四端：我覺得那些杯墊應該留起來，你畫的這些後來都是你的作品嗎？

江振誠：對，因為每一個創作的來源都不太一樣，有時候你會因為一個故事，一個氣候、一個食材或是一個顏色，會讓你想要創作這一道菜。所以我寫下來的是組合，有的時候寫下來的是顏色，有的時候是一個圖像。

像這圖九宮格，當你把所有的食材跟味道寫在九宮格裡面然後重新組合，你會發現它們1跟9的關係是什麼，然後9跟3的關係又是什麼，3跟9的關係又是什麼，很有趣。當你把所有的食材擺上去，原本你想要做的菜，所有的順序都打亂的時候，它會變成一個很特別的組合，這個是我自己的一個方法。

李四端：你簡直是在算機率組合，好像經濟方程式一樣。你的同仁學得了嗎？

江振誠：其實每一道菜的發想，我都會跟他們分享。

李四端：但沒有人想到你是用這麼科學化的方式在進行作業。另外還有一個你帶來的陶藝品，這是什麼？

江振誠：我小時候最希望當的並不是廚師，我的第一個志願是做陶藝跟雕刻。這是一個朝鮮薊（陶藝品），這個是我在餐廳的時候，跟我的團隊分享的，給他們每人一個陶土，然後讓他們捏，捏一個他們最熟悉的東西，可以是一條魚，一個蘿蔔，也可以是洋蔥。

當他在捏的過程會發現，原來我這麼熟悉每天都在碰的食材，我竟然對它不了解，到底洋蔥有幾瓣？洋蔥的葉子長什麼樣子？洋蔥的根長什麼樣子？我突然想不起來。我希望讓我的團隊知道馬鈴薯不是只有這三五種做法，它有更多的可能性，當你愈了解一個食材，你就能夠有更多的想像，就好像我們剛剛吃的黃豆一樣。

李四端：這是一個很好的啟發方式，你真的去碰觸才知道你缺了多少。這跟你去法國的時候，你說一開始他一直叫你剝馬鈴薯的皮，剝了很長一段時間，有異曲同工的效果嗎？

江振誠：我從來不相信創作的天分，我覺得它就是一個經驗的累積，它是對一個美的認知，味道也是一種美，創作也是一種美的認知，所以它是需要訓練與累積的，很用力地把一件事情做好。

李四端：你帶過的團隊同仁有人半途而廢的嗎？

江振誠：我覺得可能跟他們所想像的一個廚師的養成過程不太一樣。對我來說，團隊裡面沒有超級巨星，沒有天才型的廚師，我們只有專家；他是炭烤的專家，他是甜點的專家，每一個人各司其職很專注地，然後這一件事情才能夠完成，這個是我對團隊的邏輯。

李四端：對台灣的消費者來講，你現在已經是典範、是偶像了。現在你更幫台菜做重新定位，有沒有覺得愈來愈多的壓力在自己身上？

江振誠：從來就沒有壓力。有人問過我這個問題：廚師是不是就應該把菜做好就好了？對我來說，這取決於你在乎有多少，然後你覺得怎麼樣才是夠了。如果我能夠為定義台灣味這件事情多做一點，或者我能夠讓台灣的食材有更高的價值，我可以做得到，我也願意做這件事，這是沒有壓力的。

李四端：我覺得你帶著樂趣在做這件事情。

「先搞清楚我們的DNA是什麼，
然後我們才有辦法跟別人自我介紹什麼是台灣味。」

江振誠：對，這是我一直告訴團隊的：客人從進來到離開的兩個小時，他享受了這兩個小時的過程，你也必須享受這兩個小時的過程。當客人說謝謝你帶給我一個很美好的晚餐經驗，我們也應該謝謝客人給我們一個很好的晚餐經驗。

李四端：這才真的是用餐的意義。廚房的跟飯桌上的，彼此裡面內場跟外場是融為一體的。

江振誠：而不是客人很開心，然後我們覺得累得半死，那就不是一個最好的狀態。

李四端：請問你到其他的餐廳，會很挑剔嗎？那些餐廳如果跟你剛剛講的這些理論完全不一致，你會不會覺得不舒服？

江振誠：不會。我身邊所有人都知道，其實我很隨便的，我可以吃冷掉的炒飯，我跟所有人吃的都一樣，而且我不會批評也不會抱怨。我也不會吃東西時在想他這個東西怎麼做。

李四端：在你眼中有沒有難吃的菜，絕對是別人做的？

江振誠：我自己也會做難吃的，也會試了東西之後發現不是個好點子。我覺得這就是創作的樂趣，當你決定要創作了，你就必須要有準備失敗的勇氣。創作就是一個變數，為什麼有人他希望做了一個好的作品，他就一直維持這個狀態，而為什麼有的人願意做新的東西，你做了一個新的東西，是不是就把自己放在一個危險上面，大家可能會喜歡，可能會不喜歡，它就需要勇氣。

李四端：在台灣做餐飲事業尋求發展，有沒有需要跟你一樣必須去國外走一趟？

江振誠：沒有。其實我的初心希望有RAW這個平台，也希望從上到下都是台灣的團隊，用的全是台灣的食材，但是我們可以做到國際的標準，甚至超過國際的標準。有的時候我帶團隊到國外去，他們會偷偷地跟我講，好像在我們餐廳比在國外還要嚴格，就是我們的標準還要再更高。

李四端：你個人是不是還有一個計畫，希望成立一個大型的餐飲學院或者類似機構組織，這個計畫現在有落實嗎？

江振誠：現在有在計畫，其實是一個台灣餐飲人才的青創培育計畫。因為我們一直以來沒有培養台灣餐飲年輕人的這個機構或是過程，總覺得說我今天想要當一個廚師，我是不是要去念廚師學校？我是不是要出國去工作，然後回來我才能夠被稱為是一個廚師？是不是應該還有其他的途徑，我想有更多不一樣的渠道。

李四端：Angle又做好一道台灣味的東西，幫我們介紹一下吧。

江振誠：我們說春祈秋報，春天祈求，然後秋天回報，所以春天的時候我們要吃紅龜粿。紅龜粿是非常台灣的一個印記，我想要把它加在RAW的餐廳裡面做春天的結尾。它是用了法國料理太妃糖的做法來做紅龜粿。

Angle：做成棗泥口味的牛奶糖，最後加上核桃一起，就會有南棗核桃糕的口味，但是吃起來跟普通的紅龜粿不一樣的地方是它比較有彈性。

李四端：有沒有期望台灣的廚藝將來在世界上達到一個什麼樣的目標，特別跟其他傳統的中國食色比較的話？

江振誠：我們現在更需要做的是，先搞清楚我們的DNA是什麼，然後我們才有辦法跟別人自我介紹，慢慢地大家才會對「什麼是台灣味」這件事情有更清楚的輪廓。

李四端：這個紅龜粿吃起來，我的感想只有「好吃」。

江振誠：這是最重要的。我常常跟我的團隊分享「什麼是標準」，標準不是一個形式、不是一個框架，每一個客人來到餐廳，他有不同的期待，那個期待就是標準。我們要做的就是先幫客人完成他來的目的，之後你做的每一件事情都會超出那個期待，就會超出那個標準。

李四端：謝謝你帶來這麼好的美味。我覺得這就是人生最重要的一件事情，透過食物增進彼此的了解，也認識我們自己的文化。

江振誠：能夠用文字以外的形式，透過一個料理、一個技巧，跟我們的客人溝通，傳達不一樣的訊息，對我們來說是很珍貴的。

（二〇二〇年四月）

線上觀賞

SCAN ME

洪蘭：人生最值得的事，你有沒有每天做點好事

·端哥開場

有人說「活到老、學到老」，腦神經專家洪蘭卻說：「錯！要學到老，活到老。」

洪蘭老師認為，「學習新的東西會集中注意力，可以刺激腦分泌正腎上腺素，就不容易得阿茲海默症，這比成天盯著電視機要好一百倍。」

「走出去種菜、爬山，即使只是去跟別人聊聊天、多講講話刺激腦部，也比一個人待在家裡無所事事好。」走入人生下半場的洪蘭說：「人要活得好，先要存下老本，不要跟孩子拿錢；其次要有老友、老伴、有嗜好和社交生活，用人際互動來相互幫助。人會老，但要讓自己老的優雅。」

她的個性積極，「人生最有價值的事情就是，有一天你走了，還有人懷念你。譬如，幫助人！但是，幫助別人要無形，不要讓人家認為你是在幫他。這會讓人家覺得被施捨、同情，感覺欠你的反而不好。」所以，退休後的洪蘭老師仍然到處演講、教學與人交往。幫助別人的同時，無形中喜獲的善緣也會嘉勉自己，繼續用微笑對社會發揮正向的力量。

李四端：洪蘭老師推廣的教育跟我們對於認知科學的了解不遺餘力，你現在最忙碌的是教書還是寫書？

洪　蘭：其實都有，我是七十歲退休的，當時我用的電腦要還給學校，學生就問我：老師裡面的東西要備份嗎？我說退休不再教書就不用了。後來沒想到我會再去中原大學教書。現在只好重新準備功課，因為以前的PPT沒有留下來。我想起我在美國教書的時候，有次一個同事問我，如果火燒房子，你會先搶救什麼？這是很好的問題啊，我們平常都不會去想到，我就說我可能會去搶照相本，那年代還沒有電腦可以把照片存在裡頭。他說他會先去搶教學的筆記。我想對啊！那是我們吃飯的傢伙。所以我現在就等於要從頭再準備起了，比較吃力一點。還有當然就是寫專欄，我同時還在翻譯書，所以時間是滿緊的。

李四端：很多時候人生的問題，我們幾乎都沒有想像，但講起來這些問題其實都滿重要的。

洪　蘭：像我孩子在美國讀書小學一年級的時候，那時舊金山大地震不久，老師就跟他們講家裡要準備五加侖的水，要有三個月的乾糧。乾糧就是美國小孩子喜歡吃的早餐麥片之類的，孩子們真的很聽話，我兒子一定叫我要去市場買，買了以後放在櫥子裡，差不多時間他就去看一下有沒有過期，如果快了，就說媽媽這個快過期要換掉了。然後把它拿出來吃再去換新的。他們是真的很在乎防災。另外一個老師教的安全知識就是看電影的時候，先去看逃生門在哪裡。我們不會嘛，電影院坐下來看就好啦。他回台灣以後不肯跟我去看電影，因為他每次去推逃生門都推不開，他就不肯去看電影了。

李四端：你看到他們的教育裡面很重視居安思危這一點。

洪　蘭：他們的確很重視這個，但是我們好像是沒有。我到現在不曉得地震來了應該要躲哪裡，每個人講的都不一樣，以前說躲桌子底下，現在說不是，躲在柱子旁邊什麼的，反正躲哪裡安全都有問題，不知該聽誰的。

其實居安思危是很重要的，在我父母親那個時代，他們真的每天晚上都會去巡，門窗有沒有關好什麼的，我們現在沒有啊，反正住高樓，小偷爬不上來，我有一天晚上去睡覺發現我大門沒關。

李四端：代表台灣治安好。你說你重新準備教材跟以前有不一樣嗎，特別針對這一代的年輕學子，差別在哪裡？

洪　蘭：差別在真的就叫居安思危，因為現在孩子都沒有吃過苦頭，你稍微跟他講一下要未雨綢繆、要為明天去想，他都覺得說明天有明天的風，今天不必這樣子擔心。我記得我們讀書的時候，會一直想假如我找不到工作或突然失業怎麼辦，會很努力工作。現在你去問孩子，他說怕什麼，家裡還有父母啊。我們那時候第一次去上班，一定是戰戰兢兢的，不敢嫌東嫌西，我父親說，人家給你第一份工作，你至少要做兩年才可以離開，因為他說你什麼都不會，人家給你工作還要教你，教你那個人只有一半的生產值，因為他一半時間在教你，你那時候完全沒有生產值，可是人家還要付你薪水。所以我爸說你要做完兩年以後才可以跳槽，不然的話會對不起人家。我們現在有學生三個月就換一個工作，理由是跟老闆不合，跟同事不合，跟什麼不合就走人了。

李四端：你在學校當中能夠去稍稍影響到他們的思維嗎？

洪　蘭：其實是可以的，這是為什麼我們要去做老師。不然的話，現在的老師不是很受尊重，很不值得為五斗米折腰，你記得有個立法委員罵老師三字經。

李四端：你受到的尊重應該沒變吧？

洪　蘭：我們比較好啦，因為我算是資深老師，當你肚子有點墨水，手有兩把刷子，學生還是比較會尊重你的。老師第一是要讓學生尊重，因為人不會聽他不尊重人的話。以前的學生，他們小的時候，父母都很辛苦，他們看到媽媽怎麼節省、爸爸怎麼辛勞，所以還是有一點點感恩之心。現在真的是不會，他如果不高興就不來上課。我說你父母親付了學費，他說那又怎樣。考試也不一樣了，我們以前考試是拚命地寫就怕老師不給你分數，現在你反正不能當他，學生不夠了嘛，所以有很大的差別。他們要求考選擇題，我說選擇題測不出你們的程度，他們說考個簡答題總可以了吧，說：老師我懶得寫字。

我還是考了問答題，因為做個老師我必須知道我教的效果，選擇題比較容易猜，你就不知道他學進去了多少。我一直覺得那句話「只問耕耘不問收穫」是錯的，你要從收穫裡面去檢討你的耕耘。我只有從問答題裡面，才知道我的教學有沒有效，我的收穫是什麼，所以我還是出了問答題。

李四端：現在學生自主性很強，他跟你講說我就是不會寫，我就是懶得寫？

洪　蘭：沒關係，那我就給你零分嘛，這個是真的。因為你做學生你有你的本分，我做老師我也有我的責任，所以我是覺得各盡其分的話，天下太平嘛。

李四端：我前幾天碰到一個年輕人，跟我講他現在最喜歡的歌，歌名叫做You Only Live Once，你去看看裡面的歌詞，它就是說生命只有一次，何必要那麼辛苦。他們叫做YOLO族，You Only Live Once，他覺得掌握自己的生命的快樂，是件非常自主重要的事情，所以你不要再跟我講了。

洪　蘭：我要趕快告訴你這句話怎麼反駁。你只有活一次沒有錯，但你要活得有意義，不然隨便混過一生其實是很容易啊，可是你走了，這世界上多你一個不多，少你一個不少，父母白白浪費了糧食來養你，這真叫白活了！所以學生說要活得快樂很對，但這快樂怎麼來？你要活得有價值，快樂才會來啊！

李四端：可是他不懂得價值的意義。

洪　蘭：我就問他嘛，你這樣子晝夜顛倒，晚上打電玩到天亮你快不快樂，他說快樂，打到最後這一關破掉了，你還快不快樂，他說快樂，然後呢你怎麼辦？回去去睡一覺，睡一覺起來你什麼感覺呢？再去買個新的電玩繼續打？那你生命的意義在哪裡，假如你今天電玩打到最後沒有電玩可以買了，都被你打光了，你要怎麼辦？不過真的有學生這樣子，因為他的環境很好，一輩子不要他工作就可以有飯吃。可是你真的要提醒他，坐吃山會空，父母親走了你要怎麼辦？他說領社會救濟。其實這裡面應該講的就是尊嚴，作為一個人的尊嚴，你要有用，才會有尊嚴。

李四端：你所接觸的青年人最後能夠被你說動或者能夠被你影響的比例高嗎？

洪　蘭：其實還不錯耶，當然他不來找你，你就沒有辦法了。他來找你，就是他已經有點想到我這個人生要幹什麼了，只要他的心有一點動，我們就一定想辦法去說動他。

李四端：你是不是幫很多家長解決他們小孩的問題，因為家長講他們可能充耳不聞，可是以你的身分說服他們還比較有機會。

洪　蘭：你是說老師講的話他們比較聽嗎？我昨天去一個學校演講，是個學生的家長來接我，她曾經是我的學生，原來是華航空姐後來再回學校讀書，然後結婚生子，現在孩子到國中了。她請我去她孩子的學校演講，路上告訴我說假如她當時沒有做我的學生，她現在可能會像一些父母一樣，要求孩子考第一名，每次都要考一百分，如果沒有做到就會生氣變臉幹什麼的，可是因為被我們教過了，她說她現在不一樣，她的孩子也快樂很多，我聽了就很高興。

李四端：她現在用什麼方法來教育她的孩子？

洪　蘭：就是我們常常所講的，眼光放遠，看他的長處，不追究他的短處，不去計較考試的成績。分數其實是很不準確的評量方式，這個學校一百分，可能等於另外一個學校的五十分，因為基準線不一樣。至於出社會，你知道你不可以跟老闆說我都是考第一名所以你要雇用我，你得看老闆認為你有什麼能力，尤其我們知道，人際關係比能力更重要，因為硬體是可以教，軟體沒辦法教嘛是不是？所以我們每次上課的時候，就多多少少給他們講一點人生的道理，你總是可以順便帶一點我們的經驗去教教他們。假如他聽進去了，這對他人生就有幫助，聽不進去那也沒辦法。我覺得要讓他們看到生命的意義，必須先要讓他們對生命有感動。我在陽明大學教書的時候，因為榮總是我們的教學醫院，學生去那邊實習，看到很多生老病死的例子，看到安寧病房的病人沒有一個人後悔自己少賺一點錢，都是後悔少跟家人在一起，人一生真的萬般都帶不走只有業隨身，這個業就是你有沒有每天做點好事。我去美國的時候二十二歲沒有什麼人生經驗，我碰到一個很好的指導教授，他是個猶太人，因為他們十三歲要有成年禮，他在教他兒子讀《塔木德經》的時候，就叫我也去聽，那裡面講到人生有三個朋友：你的錢跟著你，可是你死了，它就不跟著你了；你的孩子、你的朋友，可以跟你到墳墓的門口，可是也不能進去陪你；唯一可以陪著你進去的是你做的善事，你做的好事，死後跟你一起超越墳墓的限制（beyond the grave）。所以你看，年輕的時候就聽到這種話，其實對以後的所做所為會滿受用的。

李四端：怎麼樣讓年輕人早一點來認識這些人生價值？

洪　蘭：我覺得可以利用大學的通識課程。就像我這學期在中原大學開的是大腦與生活，就是生活裡面跟大腦有關的東西，我們以前是按照認知心理學教科書的教法，先講知覺、語言、記憶，再來講到後面的情緒什麼的，我這學期就把它倒過來了，我先講人生的態度，因為你態度不對，你上課不好好上，你就沒學到嘛。先講人生態度，我再來教你怎麼可以學習得好，我教睡眠為什麼重要，因為你不睡打電玩的話，你的記憶記不進去，你的免疫力不好，不但功課不好，身體也弄糟，就是把後面的課調到前面來上。我覺得這樣子有用，也就是說，以前我們都是先講知識，學期快結束時後面兩堂課來講人生是幹什麼，現在倒過來，先告訴你人生幹什麼，時間浪費過去了抓不回來的。你教了他這種態度以後，上課情況好很多，他們了解到態度決定命運，而命運掌握在自己手中。

李四端：這個大腦的結構，對於一班學生五十個人聽你的話，有些人他比較能夠接受，有些人他就是接受不了，是跟他的大腦有關係？

洪　蘭：我們每個人大腦都有四個腦葉，基本的功能都一樣，只是大小有一點差別而已，為什麼有的人可以聽得進去，有的人聽不進去呢？那個差別是他的背景知識。講話是一陣風嘛，風過去，音波消失就沒有了，你要靠什麼把這個音波抓住呢？就是背景知識。中文同音字這麼多，你一句話講過去，那個同音字我是要把它解釋成這個意義還是那個意義？其實就要是看我們的背景知識。如果背景知識不足，你要趕快去把自己補足，怎麼知道足不足呢？就是你看完書蓋起來以後，你如果知道書在講什麼，你的背景知識是足的。

有一個很好的例子，第一個猶太人進入哈佛大學醫院做醫生的是福克曼醫生，在一九二〇年代猶太人是很被歧視的，他去報名想做實習醫生（Intern）的時候，人家跟他講實習醫生只有二十個名額，已有兩百多個人來申請，你沒有機會了。他說你讓我報啊，得之我幸不得我命，這是很對的態度。面試的那一天，教授問的問題很細微，大家都不會很沮喪。他們下午還有複試，中午休息的時間別人去吃飯了，他在哈佛大學的圖書館把早上不會的答案找了出來，他沒有想到下午再進去的時候，是同一批老師問同樣的問題，因為只有他一個人答對，他就進去哈佛了。當時，院長跟他講「我不在乎你現在知道多少，我在乎的是，你不知道而不去找答案，病人會死在你手上」。他這個不懂立刻弄到懂的態度非常重要，這是人生的態度。

李四端：學習本身是無止境的，你覺得台灣的大學生他們求知的無止境的能力如何？

洪　蘭：能力是真的都有，你看他們做他們自己喜歡做的事，真的是能力很好的。問題是，我個人覺得我們的課本太淺了，比方說，國中課本薄薄的拿回家一個晚上就把全部的課文都看完了，書本太淺的時候，上課老師再逐字解釋，他就覺得沒意思，不想上課。你去看美國的課本其實是很厚的，也就是說，很厚的書提供了理解必要的脈絡和背景知識。書厚有什麼關係？不考不背就不會有壓力。你如果看懂了，你就擁有吸收更多知識的能力，老師講重點，把知識串起來，概念就出現了。可是我們不是，我們的是只有骨架沒有肉，所以孩子讀起來真的很辛苦。

李四端：這個淺的用意是不是他覺得好吸收？

洪　蘭：其實舊知識愈豐富，愈容易吸收新知識，因為你有懂嘛。我們在實驗上發現，有意義的東西才記得住，沒有意義你記不住。你的教學如果跟生活有關，孩子就聽得懂。舉個例子，小學二年級下學期數學課的第一堂課是教整數的概念，有一個媽媽自己是小學老師，她覺得我來教我的孩子應該是最好的對不對？可是孩子聽了半天就是聽不懂，媽媽火大了，就跟老大講：去拿棍子來，打了就會。哥哥很好，馬上跑來幫忙，他跟弟弟講，媽媽要給你一個紅包，但不能超過一百塊錢，你要多少？弟弟馬上說九十九塊。可是因為你弄成「小於一百的最大整數」，這個小於什麼、又最大什麼，孩子就聽不懂，假如你今天用生活上的例子，哪個孩子會聽不懂？

李四端：我自己對於歷史很感興趣，因為國中的歷史老師，他講歷史非常故事化。歷史可以鑑往知來，你看到現在的年輕人呢？

洪　蘭：他們現在沒有感受到歷史的重要性。歷史是重複的，太陽底下沒有新鮮事，已有之事必再有，已行之事必再行。其實歷史是很有意思的故事，為什麼我喜歡讀歷史，我們家有二十五史，我父親是念法律的，他晚上常常讀歷史，因為歷史講到很多人性，而法律不外人性，所以我爸爸在讀的時候，有的時候也會講給我們聽。我自己個人對歷史真的很有興趣，我也覺得應該多讓孩子讀。

李四端：現在我面前準備了一道非常特別的美食給老師，白果紅燒肉，我看過老師寫過它的故事。

洪　蘭：我爸爸很愛吃這個，但是他有四十年的糖尿病、心臟病和高血壓。我媽媽就嚴格控制他的飲食，糖尿病無糖，心臟病無油，高血壓無鹽。

李四端：但是這道菜破例了？

洪　蘭：這道菜絕對是破例的，我爸爸就覺得每天就吃清蒸的那些，這樣活著沒什麼意思，那時候我在美國，我爸爸打長途電話來說：你媽媽把我當兔子養，非常生氣。我們在醫院裡面看到，同樣是大腸癌第三期，同樣開刀、同樣的護理師，但是一個有求生的意志，一個沒有的話，康復率差很多。我就打電話回去跟我媽媽說，媽放手啊，爸已經七十歲了，從心所欲不踰矩了嘛，讓爸吃點好東西。我媽媽堅持不肯，說為了他的健康，絕對不可以吃這些東西。所以後來我是我們家六個孩子中最早回台灣的一個，因為我擔心爸爸眼睛睜開來就要吃青菜，他會不想活了。其實吃什麼只要吃一點真的都沒有關係，因為心情好，情緒的影響實在比吃紅燒肉還更重要。

某次在北醫的宴會，菜上來了，有人就說，螃蟹有膽固醇，這道菜我不能吃，下一道菜，蝦有膽固醇也不能吃，那時北醫的閻雲校長就說，哎呀，吃得好跟吃不好只差五年的壽命而已，就是九十五歲跟九十歲的差別嘛。我這樣一聽，心想如果活到九十歲活得很開心，那比愁眉苦臉活到九十五歲好很多呀！回家，我就去跟我爸爸說，您喜歡吃什麼，我每天都偷偷給你吃一點。

那個時候我媽媽每個禮拜五去做頭髮要一個小時，她前腳一走，我爸立刻坐計程車到鼎泰豐吃小籠包，他絕對能夠在我媽回到家之前先回到家，可是我媽一回家馬上知道我爸吃了好東西，因為我爸會笑。人吃了好東西會笑嘛。所以我寧可偷偷給我爸吃一點，他心情高興的時候，情緒跟健康是直接的關係。

糖尿病頻尿，我爸晚上會起來上廁所，他一動，我媽馬上跟著起來，怕我爸去廚房找東西吃，連帶使她自己也睡不好，她一直叫我們冰箱要上鎖。所以到後來，我真的就決定跟我爸說，你散步半個小時來我家，我給你煮兩個酒釀湯圓，你吃完再走回去，你就有運動，最重要就是吃飽了晚上可以睡得著，然後早上起來你又有兩個湯圓等著你，這個叫希望。這是真的很重要的事情，所以我爸後來活到九十多歲呀。

李四端：紅燒肉裡有冰糖怎麼辦？

洪　蘭：我爸爸生病以後，我媽媽不讓他吃這一道菜，但因為我妹妹的孩子那一年在台灣，孫子晚上會尿床，白果是治尿床非常好的東西，是中藥的一個藥材。所以我爸就跟我媽講了，祥祥晚上會尿床，你去煮一點白果紅燒肉給他吃。煮了，祥祥吃我爸也吃。

李四端：白果對老人家的夜尿也會有用。

洪　蘭：這個是很有幫助的，我外公懂得中醫，小時候外公就有燉這個給我們吃。所以我就會跟我爸講，爸你吃一塊就好了，不要把它都吃光了，這個我覺得是沒關係的。

李四端：對，吃一塊比絕對不能讓他碰，效果差太遠了。他就是有那一塊他滿足了。顯然老師講的是心理因素，難道心理因素就可以把我們的身體維持得很好嗎？特別是很多人現在怕失智，光靠著情緒控管就可以解決很多問題嗎？

洪　蘭：心跟身是一個銅板的兩面，心當然很重要，可是身的作用是支持這個心，當然也是很重要。比方說你怕得阿茲海默症，你就得去用你的腦。我們在實驗上看到，已經受到阿茲海默症Beta-amyloid受傷的膽鹼細胞，把它泡在正腎上腺素Norepinephrine

裡面的時候，它的傷害會減少很多，就是老人家為什麼要學新的東西呢？因為學新的東西使大腦分泌Norepinephrine出來。如果害怕得阿茲海默症，得去學新東西，千萬不要坐家裡每天瞪著電視無所事事。出去跟人家講話也是個好方法，因為跟人家講話的時候大腦活動得很厲害，嘴巴要動，你的運動皮質區要動，你的耳朵要聽，你的前腦要動才知道你的話有沒有講錯，然後你眼睛要看著對方臉上的表情，看對方有沒有生氣，你的視覺皮質要動，整個大腦都是在動的，所以跟人家接觸，談點愉快的事情，去種菜、去爬山，去做些有意義的事情，人當然就活得心情愉快活得久，比較不容易失智，心和身其實是一體的。

李四端：聽過老師的演講，你講話的材料故事源源不絕，而且很少重複，這點我尤其佩服。你是如何維持身心這麼樣地美好？

洪　蘭：因為我們教書，我們一定要跟得上時代，才對得起學生。所以一直要看期刊上的新發現。學新知就使大腦一直不停地在動，我的課是兩小時，課前我得準備六個小時的內容，因為我講話快，要比人家準備更多的內容，才不會一下子就講完了，無話可講，掛在黑板上等下課鈴響。這些知識我得記在腦子裡面，所以我是無時無刻不在動腦，生怕一停下來，學生的注意力就流失了。

「所有的事情決定在你的心態，
態度決定命運，而命運掌握在自己手中。」

李四端：你有沒有特殊訓練記憶力的方式，或者是特殊的一些養生藥物？

洪　蘭：都沒有！我從來沒有失眠過，一直到去年，為什麼？退休了一下子沒有做事情就不行，可是如果你每天忙到最後，我爸講過一句話：好吃不過餃子，舒服不過躺下。能夠躺下去睡一覺是最舒服的事情。

講起來為什麼我一直很反對孩子送到補習班，我覺得跟在父母親身邊所教的東西，遠比補習班可以教你多得很多。

李四端：可是父母親沒有那個信心，老覺得不去補習班就輸人起跑線什麼的。

洪　蘭：這個起跑線是一個最錯的觀念。大腦管記憶的海馬迴神經細胞再生，即使八十九歲的老人家都會再長新的神經細胞，人怎麼會輸在起跑線？人必須不停地學，因為舊知識會被推翻，新知會不斷湧出，我小時候念書，冥王星是九大行星，現在不是了。

李四端：所以記憶到底它的價值是什麼？

洪　蘭：記憶現在其實沒有什麼價值了，因為有電腦，有手機了，要知道什麼Google馬上告訴你，但是你要查資料，你還要有關鍵字才查得到，所以理解能力比背誦能力還重要。我只要知道關鍵字，透過一台電腦資料就出來了，這裡就不要背。時間省下來要幹什麼？去想你人生的意義在哪裡。

李四端：在成長時期的孩子，父母親可以幫這個忙，讓他們多做這方面的思考，而不是多去上一些學藝班、才藝班。

洪　蘭：是的。我覺得先要知道你人生要幹什麼，你的工作才會如你的意。我們看到很多人不喜歡他的工作，可是為了上有老下有小，必須勉強自己去上班來維持生活，結果好不容易把老的送了終、小的上大學了，覺得一定要過自己的生活了，就發現得了癌症，這是一個很可悲的事情。因為一直在一個不愉快的環境裡，心情不好會加深得到癌症的機率。我們這一代是沒有辦法，可是像我現在教的學生這一代，他們會有很多機器人幫忙做他要做的事情，他的時間應該空下來去想：我的人生要幹什麼了。

李四端：我記得你講過，你是看自己的孩子從國外回來很多學習的不適應，後來你才知道教育這件事情是多麼地重要，因為老師他可以改變一些學生，所以你開始各地去演講、去推廣教育，這些事情一直堅持到現在好多年了，你自己看到最感動的改變是什麼？

洪　蘭：我看到一個山地的孩子本來父母不讓他念書，要他去揹高麗菜，因為我們說服了父母，讓他看到教育的重要性，結果他後來清華畢業，整個人生不一樣了。我也看到有孩子被她爸爸賣去做雛妓，志工們把她搶回來後，居然還要靠警察保護，因為她爸爸還要再把她搶回去賣。所以只是教育這個孩子其實還不夠，還要去改變父母親，這個是一個很長遠的工作。

李四端：我想到一個題外話，很多父母親在懷胎的時候，有所謂的胎教。在你的科學裡面，胎教有沒有科學基礎？

洪　蘭：胎教是要看你教什麼，孩子在媽媽肚子裡是聽不懂英文的，不需要每天給他放英文錄音帶，因為空氣的傳音跟水的傳音不一樣，不是讀英文給他聽，他就會英文。英文中P和B這Stop consonant（閉合輔音）子音在水裡面聽不出來，但他可聽到句調intonation，所以孩子出生以後他會偏好媽媽的母語，因為那個是句調相同的。我們看到德國的嬰兒跟法國的嬰兒，哭的聲音重音不一樣，有這個實驗。所以母親的情緒要好，你不要壓力賀爾蒙出來，如果每天煩惱吵架，這個孩子絕對是不健康的。

李四端：情緒是很多事情最重要的一個關鍵因素。

洪　蘭：我們小時候很窮，我生在民國三十六年，那時候很多同學穿的內褲是美援麵粉袋染成黑色做的，可是你去問那個時候的人，大家都活得很快樂，比現在的人快樂多了。現在的孩子不太快樂，你問他為什麼不快樂？答案都是我的零用錢不夠，我媽不給我買這個，他要的東西太多嘛。我們以前沒有電視，外面賣什麼根本不知道，不知道你就沒有欲望，就沒有煩惱。

李四端：你覺得人生最值得的事是什麼？

洪　蘭：我覺得人生最值得的事情，應該就像我爸講的：你走了以後，還有人常常懷念你，這就是你人生值得的地方。比方說幫助一個人，你不要讓對方覺得你在幫助他、你在施捨，他說要無形的幫助。我爸是念法律的，他很用功，有請家教來家裡教他日文，使他可以看懂日本民法的書，後來這個家教老師經濟出了問題，我爸知道了，我爸就請那個老師替他翻譯日文書給他稿費。我爸過世了後，我在他的書桌底下發現一大堆翻譯的日文法律稿件，我媽才告訴我，我爸爸為了要幫助那個老師，請他做翻譯，給雙倍稿酬。

李四端：幫助人，留下一些事情就是最有價值的。

洪　蘭：是，我爸幫助這個老師，老師一家就溫飽。我爸就說在你能力之內，你要盡量去幫助人家。他非常限制我們買東西，你想要的必須是必要的，如果跟爸說我想要這個，我爸馬上就問你要這幹什麼，你講不出個理由來，你絕對不可能拿到。

李四端：很多人講二〇二〇年（全球疫情）是消逝的一年，你怎麼看這一年？

洪　蘭：其實從演化來看，人在演化的過程裡沒有一刻是順利的，災難本來就是本分，演化比較偏向悲觀的人，他要你未雨綢繆，他不要你橋到船頭自然直，不直就死掉了對不對，所以人常常會早上起來無緣無故心情不好，英文叫做Get out of bed from the wrong side，下床下錯邊，沒什麼理由心情不好，這其實是一個演化上的關係。所以你了解這個以後，你就知道瘟疫其實是每多少年就會來一次，戰爭也是多少年來一次，所謂「天下合久必分，分久必合」這是常態。像我現在看到很多人說「報復性」旅遊、「報復性」消費，你去報復誰呢？對大自然的災難，你只有接受它。在這期間你不能出去，不能出去可以在家裡看書啊！我看到很多人把他本來沒有時間看的書在這段時間都看完了，我也碰到朋友把他家裡清了一遍，把很多穿不了的衣服送給人家了。所以一樣是災難，你怎麼去看待它，所有的事情決定在你的心態，這個心態很重要。

李四端：老師你相不相信星象或者命理的預測？

洪　蘭：這個我是不相信的。我跟你講一件事情，我是斷掌，中國人講斷掌剋夫，所以我們結婚的時候，我先生家很反對，可是我先生已經七十九歲了，還活得好好的。最近有一天我突然發現右手不再斷掌了，手紋分開了，但是左手還是，所以這沒有什麼道理的。我的意思是說命在自己手上，你讓你自己活得很快樂，相由心生。

李四端：謝謝老師告訴我們這麼多，人生真的是看你怎麼看、怎麼想，然後就會影響我們的腦，腦最後就是貫穿到我們全身的健康。

（二〇二一年一月）

線上觀賞

SCAN ME

韓國瑜：複雜的腦，單純的心

·端哥開場

前高雄市長韓國瑜歷經總統敗選並被罷免，他用「韓式幽默」自嘲說：「政治上，我已經被潑硫酸，政治毀容了！三千打罵在一身，傷痕累累……那樣的情境下，再去碰政治也不適合了。」但個性陽光的他燦笑著說：「你總是要做點事吧！」

做什麼呢？出口成章的韓國瑜說：「『萬里長城今猶在，不見當年秦始皇』，政治人物的生死、興衰、進退……剎那之間皆泡沫也。但是善良的循環要傳遞下去，這才是人本最珍貴的元素，我希望台灣的善良可以傳遞下去。」

他也給政治人物八字箴言：「複雜的腦、單純的心」。韓國瑜認為優秀的政治人物，要有多層次的腦力處理複雜的國內外挑戰，但要用單純的心抵擋權力帶來的誘惑。反之，如果政治人物的頭腦簡單卻欲望無窮，那大家都一起完蛋。

韓國瑜希望撇開政治黑暗面，用「善」的循環，帶給台灣更多的光明和溫暖。

李四端：非常歡迎韓市長到我們節目來，這次你帶來了特別的禮物《韓先生來敲門》，這本書裡面一共有十二位主角，今天請到其中兩位到現場來。

林淑玲：我是彰化縣湖埔社區大學的執行長。

李四端：你知道為什麼你會在這本書中出現嗎？

林淑玲：我們營造出東螺溪蝴蝶廊道。我大概二十六歲嫁到彰化的時候，這一條東螺溪是不能親近的河川，周遭都是死貓吊樹頭的景象，治安的死角，垃圾、家具、廢棄物往河川倒。

李四端：但十年後的今天從書中照片看到的是一片美景，現在是生態教育園區了。為什麼可以辦到？

韓國瑜：我覺得是她的毅力、愛護環境與大自然，更重要根植於一個母愛。因為她幫孩子洗衣服的時候，發現到臭味，就開始研究為什麼孩子衣服會有臭味？調查跟環境有關，再查跟河流有關。一個嫁過來的媳婦，號召人把這條溪整乾淨。為母則勇，要給孩子更好的環境。

李四端：這邊還有一位年輕人，曾經是鼻咽癌的患者，你經歷過多少次的化療？

李元亨：我經歷過三次短的化療是一天可以打完的，然後三次比較長打一次就要打四五天。另外讓我害怕且辛苦的是放射治療，總共做了三十六次。

李四端：我想任何人難以置信你才二十二歲，而且發生這些事情的時候，你是在軍校裡面，當時念到幾年級？

李元亨：當時念到國防大學政戰學院三年級。因為大四畢業後就會下部隊去做服務，我們在大三的時候都會有一個身體檢查，抽血檢驗出血色素跟血比容不足，會不會是我常流鼻血的關係，我就多問了醫生這一句。醫生幫我轉耳鼻喉科，用內視鏡一看不得了發現怪怪的地方，當天馬上做切片。

韓國瑜：他是軍人，還沒有到戰場上，先發現自己身體裡面的敵人。化療、電療對二十歲的孩子，身體與心靈的摧殘很巨大。另外他也面臨到事業被退學，還有自己的家庭、他的女朋友的爸爸媽媽能不能接受，晴天霹靂之下要跟生命搏鬥，現在抗癌成功，我們覺得這個故事很感人。

李元亨：我自己有創立一個Podcast節目。一開始只是單純記錄自己的心情，分享病友需要的鼓勵是什麼，看到有網友回饋說這個Podcast節目幫助到他們更了解病友。所以後來我又創立另外一個新節目叫做《好享簡單》，我覺得生病之後很多事情都可以放下，生活其實是一件很簡單的事情。

李四端：這本書叫做《韓先生來敲門》，說一下你要敲什麼門？

韓國瑜：他們每一個都是微光，從另個角度看每個都是一顆小珍珠，要把這些點點滴滴的珍珠串起來。我們有一個團隊專門尋找這些感人的甚至不為人知的故事。

李四端：韓市長一來接觸你們就願意接受他嗎，他怎麼敲進你們的門？

林淑玲：我接到他們團隊的電話，一開始跟我聊東螺溪的環境狀況，在聊的過程當中，他有提到主持人是韓先生，他會過來，我很歡喜韓先生也關切環境。

李四端：對，我看過在書之前已經有短片，韓先生來跟你們對話，把你的環保故事介紹給大家，拍攝過程中他給你留下什麼印象？

林淑玲：一個政治人物對我來講是遙遠的，然而他來了以後，我覺得他像鄰家哥哥。記得他來的第一句話就直接叫我淑玲，開始聊起我的家住雲林林內，嫁來這邊為什麼會有這麼大的轉變？我心裡想市長這麼厲害，連我住哪裡也都知道。韓先生跟我聊的過程中，很深入地了解我怎麼去營造東螺溪，他希望一個人可以影響眾人。

韓國瑜：我覺得很了不起，一條髒亂的溪藉著愛心媽媽志工，把它整頓變成清水，環境變得乾乾淨淨。尤其你在做的過程很容易被人家嗤之以鼻，有人說你就嫁過來好好做媳婦，該照顧家、照顧小孩，何必多此一舉；她能夠克服這樣的環境，在自己可能人生地不熟的另外一個縣市裡面，打出自己一片愛護環保的心，這非常不容易。

李四端：經過市長介紹之後，有沒有給你帶來跟以前不一樣的幫助或影響？

林淑玲：短片一出來之後，我的臉書整個被刷爆了，發揮很大的效益，我很感動。粉絲甚至厲害到打電話來要到我的園區，說韓先生走過的每一寸路、吃過的每一樣東西，他都想體驗一下，真的讓我覺得很訝異。其實我希望大家一起投入環境的議題，因為台灣的河川面臨到很多危機，不只是彰化這一條（東螺溪，彰化縣母親之河），其他縣市也一樣，希望引發更多的人有共同的認知，對環境議題、對河川的想像。我覺得「好水好生活」，這個是帶給我們下一代最迫切需要的。

李四端：所以韓先生這次來敲門還滿有用的，這是不是就是你的目的？

韓國瑜：對呀，看起來小愛事實上可以化約為大愛，如果大家都被喚醒環保，點點滴滴來做，台灣的環境當然會改變。

李四端：執行長是一個大愛的代表。你去之前一定做過功課，那這位李先生的故事，你最想和大家分享什麼？

韓國瑜：我希望從元亨身上看到，任何人在受到身體或整個際遇上有重大困難的時候，如何奮力地搏鬥、不服輸、往前衝，重新站起來。

李四端：對你一個二十歲年輕人遇到癌症，那是一種什麼樣的勇氣？

李元亨：當初知道的時候一定也是沒有辦法接受，以前我們家沒有任何癌症史，癌症好像距離我很遙遠，可能要到很老之後才會遇到的問題，但是年紀輕輕就遇到，剛開始會想很多，我未來可不可以正常組成家庭？我有沒有辦法繼續求學？我未來可不可以像個正常人一樣工作？但是慢慢地我調整自己的心態，其實進到軍校裡面一路上從最菜開始經歷了非常多的挫折，這一次的癌症經歷，也可以算是我人生要去面對的一個挫折，所以我就決定先不要想太多，走一步算一步，按照醫生告訴我怎麼樣去做治療，然後自己的身體開始有些不一樣的改善。

身體經歷了治療之後來到了一個非常低潮的狀態，而且當我開始放射治療，曾經有一段時間失去味覺，後來治療一段時間後才慢慢恢復，我第一次吃到甜味的時候，我才知道原來活在世界上可以正常感受得到食物的味道，是一件很幸福的事情。

李四端：當你結束跟他的拜訪之後，你走的時候有什麼樣的感受？

韓國瑜：因為我們知道很多癌症病患不光本人痛苦，是他整個家裡面財務壓力都是巨大的，所以癌症病患實際上是兩種壓力，一般人只注意第一種壓力是身體的病痛，忘記了他還有財務的壓力，很多藥非常昂貴。我們是抱著這個同理心去，離開時心情是很沉重的。

李四端：我們現在看到的是一臉非常快樂的年輕人，你目前的病情如何？

李元亨：我還有在吃口服的化療藥，當時癌症診斷是第四期，所以未來復發機率還是很高。

李四端：我看到你們在書中的合影，你現在比這照片更帥。每個人都無法預期生命中替我們安排了什麼，但你們兩位在生命中找到了最好的答案，「勇氣」跟「愛心」。《韓先生來敲門》是一個什麼樣的構想，怎麼開始的？

韓國瑜：我們選舉結束時有五百萬的鄉親愛護，離開政壇之後面臨到幾種選擇：一種是從此以後就不見人影了，摸摸鼻子已經沒有呼吸，韓國瑜死了對不對；第二種是你總要做點事吧，在政治來講我們已經被潑了硫酸，政治毀容了對不對，三千打罵在一身，那個情境歷練過來大概傷痕累累，你再去碰政治也不適合了。所以我想過去一直在默默地做，可是再怎麼做也比不上佛光山、慈濟功德會或創世基金會……我們很小，但是把這些小故事串連起來，加上自己還有一點熱的能量結合起來，喚醒大家，說真的台灣有很多感人的故事，如何把它串起來傳遞出去。

李四端：你剛剛講說串起來想要變成一串項鍊，這項鍊你要拿來做什麼？

韓國瑜：沒有做什麼，我們如果有了目的，佛家講就是我執。沒有目的，就是呈現給大家。

李四端：你希望他們看到之後怎麼樣？

韓國瑜：看到「希望」。所有看到書中這些故事的人，都可以直接跟他們聯絡。

李四端：我也許應該再問你一次，這些公益是不是為了某些未來要發生的事情在做準備？

韓國瑜：不會，只是做應該做的。就像過去二十年來每年十月三十一號，我們讓小孩子去斗六榮民之家探望那些半生戎馬的退伍老兵，去給他們唱歌、帶點小食物，講故事給伯伯聽。我們做這些事沒有任何目的，只是感於他們一生為了國家，老的時候沒有家眷，這是我們應該做的。

李四端：你到台灣各地尋找這些別具愛心跟善心的故事，拍攝了短片之外，還做成了這本書。韓先生來敲你們的門，兩位都覺得既意外又驚喜，接下來讓你們也敲敲韓先生的門。你們認為韓先生的下一步應該是什麼，對他未來有什麼期待？

林淑玲：我覺得韓先生的號召力很好，影響力也很大。現在社會上環境議題還很多，我倒希望他有機會再從政，或者是在他的能力範圍裡面發揮更大的功能，去做這一些事情。

李元亨：我覺得他現在在做的事情，可以讓很多台灣友善的地方被別人看到，不論韓先生未來有沒有要從政，或是決定要做什麼樣的事情，我相信他都可以帶給社會很多幫助。

韓國瑜：我稍微補充一下，其實做這個《韓先生來敲門》，很希望是能夠把善良傳遞下去。萬里長城今猶在，不見當年秦始皇。政治人物的生死、興衰、進退，剎那之間泡沫也，但是該做的事情，點點滴滴累積下來。善良的循環能夠傳遞下去，我覺得這才是人本一個最珍貴的元素。

李四端：這本書應該只是第一本，後續還有很多，一月二號你還要在台北市大安森林公園辦一場見面會？（二〇二二年初「善良微光」見面會）你知道媒體已經開始做標題了，說是韓先生的起手式、說韓先生要回來了？

韓國瑜：起手式是自由式還是狗爬式？（笑）

李四端：大家真的都把它做了解讀，你那天到底是見面會，還是某種啟動的說明記者會？

韓國瑜：就是為這本書，介紹這十二位了不起的人物，雖然在社會角落名不見經傳，但他們做的事情以及各自親身的遭逢都是感人的，我們把他們通通介紹出來，讓台灣社會的善良與光明可以傳遞出去，我相信會有影響。

李四端：這算不算是你要建立政治人物以外形象的一種努力呢？

韓國瑜：它不會反映在選票，它是一個心願。

李四端：這本書開頭有一篇序，你寫到在敗選之後，當天晚上你覺得這些人都可以去休息喘一口氣了。這本公益書，你認為就是一場你的謝票之旅，但是你引用了唐朝名臣魏徵的詩〈出關〉（又作〈述懷〉）。出關有兩種解釋，一個是雄心壯志未泯，我將東山再起；一個是知遇之恩無以回報，利祿功名與我無關。這個引用，你是有政治意涵在裡面嗎？

韓國瑜：沒有，這是一個心境。其實你要曉得，為官想做清官是很為難的，我以前在台北農產做總經理，這裡面是很陽剛的，我們要怎麼樣去克服這些來照顧農民，這是很辛苦的工作。當官也是一樣，要做一個清官是很辛苦，你要擋到很多人財路。所以是我的心境，我已經把我自己呈現出來了，不接受我，那我也只有離開了。

李四端：你現在意思是壯志豪情還在你心中激盪著，然後希望大家看清楚，而這個壯志豪情有如當年魏徵之心，隨時可以再起，你是不是還要出來？

韓國瑜：現在完全沒有做任何計畫。我直接告訴四端兄，其實就是儒道，儒就是只要有道往前進，無道則退，這是一種選擇。儒家精神是《禮運大同篇》，第二種就是道家修自我，道家《常清靜經》叫人能常清淨，天地悉皆歸。可是在國家民族有難的時候，道家就會跳出來，這是道家對於國家社會責任跟自我修練的一個均衡點。平常我在儒家，我選高雄市長，希望經世濟民，為天下民眾做一番事業。現在選票唾棄了，我們離開了，我要自我趕快調整為道家，必須自我修練，自己問自己有沒有身心靈靜下來，有沒有做一些善行義舉，我現在恢復到道家狀態了。聽起來很玄，就是儒與道之間，一個修練者他要自己轉換。

李四端：既然這個轉換得如此自在，你也隨時會變成儒家了？當責任徵喚你的時候，你就勇於而起，是不是這個意思？

韓國瑜：我希望台灣能夠平平安安。我的指導教授蘇起老師最近發表的文章，你去看你會擔憂。世界上有兩個人物講話，台灣人一定要注意聽，一個是季辛吉，他是國際級大戰略師，第二個新加坡總理李顯龍先生，他是華人國家領袖。

李四端：當韓國瑜講話的時候呢？

韓國瑜：哈哈，我覺得李佳芬都不太聽。

李四端：你們兩位覺得呢？未來如果他還有儒家心再起，你們覺得他有沒有什麼事需要改一改？

李元亨：我覺得如果之後再開始的話，可能剛開始在什麼樣角色，就先做那個角色做的事情，不用處在一個角色的時候就很快地跳脫要到另外一個角色去。

李四端：我知道你講的意思，你覺得他知不知道？

韓國瑜：我一聽就懂，不要選總統就好了嘛。（笑）

林淑玲：其實從去年到今年對韓先生的接觸以來，我覺得他努力地在扮演各種角色，如果他有機會去扮演他自己心目中的那個角色的話，他可以全力以赴。現在我覺得他很厲害的一點是善用他的年輕軍，所以我也很期待韓先生有機會再重新扮演那個角色的時候，他可以去善用一些年輕軍的想法。

李四端：台灣年輕人對你還滿熟悉的，不論他們喜不喜歡，這一點你怎麼辦到的？你會在網路上看一些事情嗎？

韓國瑜：比較少，我最近才知道王力宏是誰，真的，還有高嘉瑜事件，新聞實在太大我才注意。平常來講我們都是靜下來。

李四端：你現在每天生活都做些什麼？

韓國瑜：第一個就是運動，然後靜下來讀讀書、看看電視、聊聊天，大概就是完完全全靜下來。因為過去離開立法院失業長達十二年經驗，所以我很快就能自己兜正回來。但一般人受不了像我這樣高強度的政治雲霄飛車。

「很多事情對我來講見怪不怪，
見誘惑也不是誘惑，見權力也不是權力。」

李四端：你告訴我們這一年多來你把心靜下來，但現在還不是心如靜水吧？

韓國瑜：憂慮。

李四端：這份憂慮有沒有讓你動心起念想要再做一點事情？行善就是一件事，政治現在對你來講，未來這條界線你隨時可以跨進去？

韓國瑜：台灣當然很多政治人物有沒有這種想法，我不得而知，可是我是可以自由轉換的。也就是我在外面可以說乘長風、破巨浪，在那邊叱吒風雲，好好去做服務的時候，收穫掌聲、注意力，我立刻可以切換那個角色，做了自己該做的。當我一下子繁華落幕、靜下來，我完全沒事，這叫自動切換。你如果沒有這樣一個上層建築的思維的話，對一個政治人物來講，他是非常辛苦的。

優秀的政治人物一定要有八個字：複雜的腦、單純的心。你要有複雜的頭腦應付各種挑戰，但是你一定要有單純的心能抵擋一切誘惑；如果你反過來就完蛋了，單純的腦、複雜的心，各種欲望就吸，治理國政、治理縣政、治理市政一塌糊塗，因為腦袋太單純了，可是你欲望無窮那就完蛋了。

我既然給自己下這八個字，你就可以了解，很多事情對我來講見怪不怪，見誘惑也不是誘惑，見權力也不是權力。我身為總統候選人，在路邊吃滷肉飯，跟大家唱歌喝杯啤酒，我很快樂。梅克爾端個盤子拿麵包，她親自去撿掉到地上的麵包，把人家嚇壞了，德國總理親自撿麵包？不，她把權力視為理所當然一種工作而已。這就是一個複雜的腦、單純的心，好～報告完畢。

（二〇二一年十二月）

線上觀賞

SCAN ME

陳建仁：
台灣有兩千三百萬個無名英雄

·端哥開場

「科學家從政有一個好處，很多事情是以證據為基礎來做決策，所以政府裡不能缺少好的專業人員。如果政府裡面只有政治人物，我相信，政務是沒辦法很棒的推廣。」這是陳建仁卸任副總統回歸學者身分後的有感而發。

篤信天主的大仁哥說，「學術研究才是我的終生職志，公共服務是我奉獻的使命。但人生旅途有天主指引，如果天意難違，我也會揹起我的十字架。」

二〇二三年，科學家大仁哥揹起十字架，回歸行政系統擔任行政院長。但他曾經期望一個好政府不要管太多，他說，「好的政府應該是小的政府，不要管太多的政府，讓民間每一個人都能發揮長才。」這是科學家主政的精神。

謝謝大仁哥揹起十字架，實現對台灣的承擔，實踐醫國醫民，用專業為台灣做事情。

李四端：時堂很光榮請到我們的前副總統陳建仁先生，談談他現在在忙些什麼，尤其在這疫情嚴峻的時刻。副總統，我們當然沒有人能夠真的是百分百知道，但是你作為一個權威，你怎麼看接下來的趨勢？

陳建仁：像COVID-19這樣的疫情其實要有效控制它，也不是很困難，大概有兩種好的方法：第一個就是中斷它的病毒感染，第二個就是增加人群的免疫力。現在大部分已開發國家預防接種都到了七、八成，台灣現在打一劑，至少一劑的有八成，打兩劑的有七成，如此一來即使我們碰到病毒來侵襲的時候，大部分的人都能夠有抵抗力，即使有突破性的感染，症狀也會很輕微。

李四端：從二〇二〇年疫情開始到現在，很早以前就聽你在媒體上表示過，你預測流感化是未來的一個趨勢，我記得你是最早把這個字眼提出給國人分享的，所以你剛剛告訴我們，這個流感化已經開始有跡象發生嗎？

陳建仁：確實是，如果我們從Omicron（新型冠狀病毒變異株）來看的話，它的感染力是愈來愈強，但是嚴重度與致死率就低下來了。在這樣的一個情況下，病毒為了找出生命的出路，它在演化的過程當中一定是盡量感染很多人，可是不要讓很多人死亡，因為感染病人死亡了，病毒本身也死亡，所以聰明的病毒，是讓它感染的人都是輕症或無症狀，這樣子的話病毒本身就可以感染全世界每一個人。

李四端：這是不是代表即使我打了疫苗，也可能還是會得到的機會，是不是？

陳建仁：因為我們打了預防針以後，體內產生的中和抗體的效價會下降。舉一個最近的例子，打了兩劑預防針以後，經過了五個月，我們看中和抗體效價就下降了，這個時候抵抗力可能就不足，所以我們還需要打第三劑。這是病毒跟人類不斷地互動，與病毒的演化，還有人類用高科技來怎麼樣跟它互相適應、調適的一個過程。

李四端：為什麼到現在為止沒有辦法發明，疫苗可以把抗體力拉得長一點或甚至有中和效應，為什麼現在研究不出來？

陳建仁：這是一個好問題，基本上mRNA的疫苗，或者是腺病毒的疫苗，這都是今年才開始用在人類的新的疫苗製作的平台，到底要打幾劑呢？這個抗體價才會足夠高呢？實際上在當時美國還有歐洲所有的實驗裡面，他們都發現一件事情就是說：我們急著要疫苗怎麼辦？所以世界各國的藥物食品管理單位也就說：好吧，只要到三期有初步的結果，我就讓這個疫苗能夠緊急使用授權；在那樣的情況下，當然對於中和抗體要延續多久才夠？要打幾針？就比較沒有完整的資料，但是還好我們就邊打然後邊觀察，所以現在才會建議說，因為打完了第二針以後的五個月會降下來，我們就開始打三針。很多的疫苗其實都要打三劑，小兒的疫苗也好，人類乳突病毒的疫苗、B型肝炎病毒疫苗也好，其實都是打三劑的。

李四端：所以我們也走在以前傳染病的防治歷程上，只是我們這時候大家縮短那個歷程，快速想知道答案，但是你覺得答案必須要時間的累積。

陳建仁：沒有錯，你講得完全對，你是流行病學家了。

李四端：我是看你這本書《小大人的公衛素養課》，你特別還找了一個科普作家一起寫對不對？

陳建仁：當然要了，因為是學童的繪本，我這個象牙塔裡面的學者沒有辦法寫給孩子了解，所以我有一個很好的共同作者，就是胡妙芬，有名的童書作家，但是要把圖畫得很好，還要另外一個很好的畫家，就是Hui。

李四端：這本書不僅給兒童而是給全家人看的，我翻到這一頁是二十一世紀的防疫挑戰。副總統你是研究流行病學的，你最早有興趣的是動植物，後來才轉流行病學，對於流行病學專家，今天這個流行病是不是百年一遇的挑戰，好幾世代的人從來沒有這個機會要對抗它？

陳建仁：確實是，舉一個例子，如果要像COVID-19這樣大規模地流行，在二十世紀就只出現過一次，就是一九一八年西班牙流感大流行，那一次以後，就沒有再出現大型的瘟疫。為什麼到了二十一世紀類似這樣的大型瘟疫會愈來愈多呢？其實是跟人類的生活有關係，因為以前一個病毒要從A國家傳到另一個國家要坐船嘛，坐船要好久，可是現在國際旅遊交通很方便，加速了病毒蔓延，所以這一次百年大疫COVID-19實際上也搭乘著人類科技發展，還有人類交通旅遊如此順暢所造成的，因此我們要有一個新的面對防疫的方法，未來因應這個大疫情的挑戰就比較容易。

李四端：你個人預測口罩將來可能就是人類生活的必需品？

陳建仁：最起碼對於感染症的人，有呼吸道症狀的人，應該都要有一個戴口罩的習慣。

李四端：可不可能將來快速檢測，這種快篩的東西會變成家庭必備，就像量溫度計一樣，每個家裡可能都有？

陳建仁：這個要看病毒的嚴重性跟感染的速度，還有它到底在族群裡面如何來擴散，像這一次的快篩，我們都可以看得到在美國幾乎是你到超市或者到藥局，就可以買得到然後就可以自己做篩檢，但是因為這個篩檢有它的限度，它的敏感度、特異度不夠高，還需要再做確診PCR，所以未來會不會發展到這個，我沒有辦法預測，我不是天主。但是未來在人類任何一個新的病毒產生的時候，其實我是有一個願望：不要全世界的人通通得到感染，而是當新的病毒發生了以後，就在它的發源地，我們趕快通報世界衛生組織（WHO），全世界的專家都到那裡去幫忙，把新興的病毒就壓制在那個國家，要撲滅大火最好的方式，就在它是星星之火的時候就撲滅它。

李四端：台灣最糟糕的狀況已經過去了嗎，還是你覺得接下來我們會到什麼程度？

陳建仁：如果是去年五月時Omicron來的話，我會說：Oh my God, it's really bad! 去年是Delta來就已經有一萬四千個人得到感染，但是去年跟今年的情況不太一樣，因為去年到五月中的時候，我們只有不到百分之一的人打預防針，現在有百分之八十的人打預防針，所以整體來看現在的狀況是比去年五月要來得好。有些人他沒有辦法打預防針，因為疾病的關係，癌症或者是免疫低下，這些人他要自己注意自己的健康，一旦懷疑有感染的時候要趕快去做快篩，然後吃口服的抗病毒藥物，病毒就會控制下來，他自己會健康也不會傳染給別人，所以未來我們需要把抗病毒藥物也引進來，對於無法接種的人，給他更好的幫忙。

世界上很多的國家都已經開始採取一個措施，像新加坡、以色列，他們都採取與「病毒共存」的做法，病毒會不斷地演變，它會逃脫很多的防範，但是與病毒共存的情況下，我們只要把COVID-19的嚴重度壓到很低；如果只是咳嗽、喉嚨痛，然後兩天吃一些感冒藥就好的話，我們也沒有想要把所有感冒的病菌通通殺掉，對不對，所以我們就跟它共存嘛，在這樣的情況下，我們也不要嚴陣以待，封國或者封城使得經濟衰退。

我舉一個很簡單的例子，牛津大學馬丁學院，它有一個網站叫Our World in Data，分析全世界防疫的嚴格度，像有沒有封城，有沒有禁止旅行，有沒有停課停班等等的，分數從零分到一百分。台灣在二〇二〇年的平均分數只有二十，然後到二〇二一年是四十，可是所有的OECD（經濟合作暨發展組織）跟G20（二十大工業國）的國家，都是在五十到八十分，中國是平均都在七十分，所以我們是防疫嚴格度很低，但是我們的累積死亡率、累積發生率，還有超額累積死亡率，通通是這些國家最低的一個，原因是什麼？因為我們有精準的防疫，就是一旦有了病，趕快找到密切接觸者，密切接觸者是可能帶病毒的人就讓他隔離十四天，不要出去就不會感染，這就是我們很精準地做好疫調、匡列、隔離以後，所有的人就不用擔心。

李四端：有別的國家也開始遵循我們的類似模式，像隔離天數這些，所以台灣的民眾到底應該要感覺到什麼呢？我們是獨特的幸運，還是我們自己做了一些共同的努力？

陳建仁：國外訪問我的時候，我說台灣的努力與成功實際上有幾個很重要的關鍵：第一個我們曾經受到SARS的侵襲，所以在SARS之後台灣的防疫體系做了一個很完整的改變，而且民眾對於防疫的概念也很足夠。第二個很重要的就是台灣民眾大家都能夠配合政府的防疫措施。台灣的人民太可愛了，我跟英國的下議院的衛生委員會開會的時候，我說我們每一個人都要戴口罩，他說每一個人？他問我說多少百分比？我說全部，他說在英國百分之二十就不錯了。然後我說我們要關十四天，他說天啊關十四天不會逃跑才奇怪呢，但是我就跟他講那個時候大概只關了二十萬人的時候，請問有多少人處罰，我說百分之〇．三，而百分之九十九．七的人都能夠嚴格遵行，他們就說沒有一個國家是像台灣一樣。所以我常常說台灣防疫成功是兩千三百萬個無名英雄，因為每一個人都是做好自己的本分了，全世界的人都很讚賞。

李四端：可是我經歷過SARS（二〇〇三年），中間隔了近二十年，這麼大的任務、這麼大的挑戰又來了，你自己是惶恐呢，還是覺得特別地沉重？這種機遇在你心裡是什麼感覺？

陳建仁：這確實是一個很好的問題，我作為流行病學家，從來沒有想到這輩子要碰到兩個大流行。我可以分享一個小故事，當時SARS的時候我本來是學者，後來要我當衛生署署長的時候，我剛好跟世界衛生組織在開國際視訊會議，記者就打到我家去了，說如果請陳建仁出來當署長你覺得怎麼樣？我太太回說如果是我們的話，我相信我先生也是一樣，我們寧可不要喝這一杯苦酒，但是我們看上帝的旨意——耶穌在山園祈禱的時候，最後晚餐講的話。我回去自己翻開《聖經》，裡面講了兩件事情，第一個是耶穌在最後晚餐幫門徒洗腳，然後耶穌也曾經跟兩個門徒講：你們誰要在眾人當中為首的，就要做眾人的奴僕；我就很清楚天主的旨意，我今天一定要出來解決SARS的問題，但是我出來，不是要去做官，是要做兩千三百萬人的奴僕，做一個很好的公僕來服務大家，所以當時我是抱著這樣的心情來的。因此我沒有驚嚇，是天主給我奉獻的使命，我一定要去做。這次到一月底，本來選舉完了我就要回中央研究院當特聘研究員，結果發現又有COVID，我就想到說天主一定要用一個人用到最後一天，所以就用我到五月二十號。

李四端：祂還要用最有經驗的人。

陳建仁：我是覺得這裡面有我自己的使命感。

李四端：如果沒有經過SARS那一場戰役中所建立的一些制度跟專業的尊重跟信任，我們情況可能會非常糟糕吧。

陳建仁：那當然，SARS這一件事情確確實實使得台灣尊重專業，我記得總統當時在找指揮官的時候，我跟他建議說當然是要找衛生專業的人，不是找行政院長，她同意我的意見。我覺得這一件事情是很重要的。

我也跟她講在疫情的期間，我們朝野要互相地尊重。這一次真的很棒就是說，有關疫情的東西，實際上整體來看朝野彼此尊重的程度比起其他國家，要來得好很多很多，雖然還是有一些爭論，在民主國家難免，可是大家都能夠在討論事情的時候，聚焦在科學，以證據為基礎的討論上，我覺得民主理性的討論，疫情會得到比較好的控制。

李四端：台灣發展的高端疫苗，在二〇二一整年社會有很多討論，你自己也是施打高端的疫苗。我們必須承認全世界所有的國家，哪怕台灣民眾知不知道這個資訊，能有辦法、能有能力的都發展國產疫苗，幾乎都在進行這個事情。高端疫苗，你覺得這個事情為什麼會對社會，反而是引起那麼多負面的看法？

陳建仁：我想高端疫苗發展的過程當中，大家可能不太清楚，這個疫苗發展的平台，蛋白質疫苗本來發展的期程就比較晚，當一個發展比較晚的疫苗開始做出來的時候，很多國家包括世界衛生組織也在想說，既然前面已經有不同的疫苗發展得不錯，它的綜合抗體價已經知道了，到了高端這個後期發展的疫苗是不是需要去做到臨床三期，或者在臨床二期的時候就用它抗體價的高低來決定，它是不是可以緊急使用授權？我想最主要的爭議就是它沒有三期，可是現在世界衛生組織，有一個Solidarity Trial

「團結實驗」，選了兩個疫苗，一個是高端，一個是美國的疫苗在菲律賓、馬利、哥倫比亞做大規模的臨床實驗，而且他們最近的臨床實驗進行得很順利，他們也相當有信心，這個所有的三期臨床實驗都是世界衛生組織出錢的，世界衛生組織會出這個經費來讓高端去做實驗，當然是它的一二期都給他很好的信心，他才願意，所以我想高端的好壞，可能在未來的第一劑或第二劑，我們就可以看得到。

李四端：未來有可能我們會要經常打這個疫苗了，台灣還需要第二家、第三家的發展國產疫苗，你覺得？

陳建仁：我在這裡想講說，謝謝高端、國光跟聯亞，他們當時在發展疫苗的時候，政府沒有給太多的經費，還是毅然投入很多的經費人力去發展，這是我覺得台灣的生醫產業令人佩服的地方。雖然前兩家國光跟聯亞，沒有順利達到緊急授權的目標，但是他們的投入，我相信已經建立了一個很好的技術平台。

台灣一定要有自己的疫苗，為什麼要這樣講呢？你看看去年到五月分的時候，我們有AZ，但是AZ被貼標籤說有很多的副作用，好像副作用是百分之一或二，其實是百萬分之一；第二個我們連AZ這個疫苗要買都買不到，給錢了、下訂單了也買不來，如果我們有自己的疫苗生產那該有多好。有沒有這樣的案例呢？有啊，二〇〇九年H1N1新型流感疫苗的時候，當時政府有國光疫苗，還買了諾華的疫苗，這兩個疫苗來就讓台灣足夠，幸好那個時候有國光疫苗廠，要不然的話二〇〇九年我們就不夠打了，所以有自己的疫苗廠，這是一件很好的事情。大家應該要祝福他們、給他們鼓勵，政府也要幫助他們，台灣現在的臨床醫學的研究很棒，現在這三家疫苗公司做的臨床實驗，論文都發表在世界上一流頂尖的雜誌，表示說台灣這方面是行的。

李四端：這兩年多來台灣民眾過得非常努力，當然我們未來不能鬆懈，你自己的心裡評價是什麼？

陳建仁：我感覺到一個新的台灣在崛起，這個新的台灣是更多的人能夠彼此互相體貼照顧，防疫就是我為人人、人人為我的情形。當我到世界各國去訪問，或者是世界各國的媒體訪問我的時候，我真的一個感覺就是台灣人的彼此相愛、互相照顧，這份精神是我最感動的。

李四端：所以你看到很多外國人不可置信的眼神。

陳建仁：日本的NHK說，五月十八號我們全國宣布三級警戒的時候，沒有宣布封城，但台灣是自主封城，「人民自主封城」，他就說人民的這種配合度，卻非極權國家可以做到這樣，所以義大利《太陽報》也說抗疫成功的不是極權的國家，而是民主的台灣。

李四端：副總統你現在在忙什麼？我們剛剛聽到的你對疫情還是很關切，中央疫情中心應該跟你還有聯繫，蔡總統也還有跟你聯繫嗎？

陳建仁：有，她跟我聯繫大部分都是疫情，五二〇我卸任以後，那個時候剛好缺疫苗，她就有要我過去談一談疫苗相關的事情，然後我也了解，她在跟國外討論怎樣爭取疫苗到台灣，花了很大的心血，但是我五二〇後回到中央研究院，當然是開始我的研究，聚焦在B型肝炎、C型肝炎的長期追蹤，還有慢性砷中毒的研究。

因為我的慢性砷中毒研究以往是讓世界衛生組織拿來作為飲水中的砷，安全數含量的標準，根據我們的研究把它從50ppb降到10ppb，大概保護了全世界有兩億多人；我做B型肝炎的研究，發現血清中的病毒量愈高，產生肝癌的風險愈高，論文發表以後，全世界所有的臨床指引通通改變，都一定要測B型肝炎病毒的病毒量，也就是DNA的量，大概也造福了三、四億人口吧。

我記得以前高中時候念書，人家問居禮夫人說你為什麼喜歡做科學研究，她說科學研究對我而言就像一個小孩在看童書，看什麼都很興奮。牛頓臨終的時候人家問說，牛頓先生你認為自己是什麼，他說我就是像一個在知識大海邊遊玩的小孩，撿到一個漂亮的貝殼或美麗的石頭，我就很欣喜。但是大海仍然澎湃洶湧，知識仍然無限，所以他有謙卑但是也有喜悅。實際上我做研究，就是有這樣的喜悅：當你發現到新的東西，天啊沒有人發現過，我是第一個發現的時候，超興奮的吧。

李四端：謙卑的感受又是什麼呢？

陳建仁：謙卑的感受就是說，你發現了一些東西以後，是不是還有更進一步的東西是你沒有發現的？所以你就會不斷地發現，像B型肝炎病毒，發現到病毒量DNA很重要以後，後來發現表面抗原的濃度也很重要，後來發現家族的聚集史、癌症史也很重要，所以你會發現B型肝炎的人要產生肝癌，原來有好多好多的預測因子，我們也就設了一個預測的公式，現在全世界都在使用。這就是你滿足了你的好奇心，可是更重要的你也造福了人類。

李四端：副總統講話速度滿快的，對於時間跟效率都很重視，可是做研究的，你不覺得有時候會有點衝突？研究就是要耐心，而且你可能會失敗無數次。

陳建仁：答對了！像我剛才講的B型肝炎研究，我的長期追蹤是從一九九一年開始一直到二〇〇四年才有一篇論文，所以在這期間我就會很毛躁，但是我就要學習怎樣讓心情不要那麼毛躁，更重要的是，我要把每一個步驟都做得很謹慎。

「我一直把學術研究作為終身的志業，
我一直把公共服務當作是奉獻的使命。」

李四端：你有什麼方法來訓練自己的耐性？

陳建仁：說老實話，我小時候毛躁就成性了，我算是在家裡很喜歡幫忙做家務，可是常常因為很毛躁，打破玻璃等等，所以我爸爸小時候就給我寫一個字叫做忍，他說忍就是一把刀放在心上，當你心急的時候，不要忘掉你有一個刀在這裡，你不能跳得太快會受傷，所以要忍。我覺得爸爸很了解我，我每次一要急的時候，我就會想到應該要忍耐。確實做好的研究都需要滿長的一段時間，這個時候忍耐是需要的。

李四端：所以你覺得這幾年性格脾氣真的都有變了？

陳建仁：其實是從我信了天主教以後，慢慢地學習怎麼樣能夠忍耐，然後有盼望，然後有包容，所以信仰對我的後半生來講是影響很大的。

李四端：研究工作跟四年副總統（二〇一六到二〇二〇年）任內，你怎麼比較這兩個工作的成就感？

陳建仁：我一直把學術研究作為我終身的志業，我一直把公共服務當作是奉獻的使命。當時在副總統的任內，總統就說：陳副，你要負責年金改革。我說怎麼是我？但是她告訴我什麼理由以後，我就開始來做，後來又來婚姻平權的事情，我是天主教徒，婚姻平權對我來說是很有壓力的一件事情，可是我還是跟宗教團體有很好的溝通協調，也感謝大法官能夠釋憲，讓這個事情能夠做得很好。確實像你講的，副總統的任內是可以做一些學者沒有辦法做的事情，學術研究比較不求於人，但是行政工作需要很深入的溝通協調，需要花時間，而且有些時候是不會很順自己的意思，可是你承擔了任務就要去完成，所以這兩個如果讓我選，我當然會選在學術研究方面的興趣，但是國家有需要，特別是SARS那個時候我真的是義無反顧。

李四端：你看未來會不會還有任務會需要你的時候呢？

陳建仁：台灣這樣一路發展下來，不管在民主、自由、法治、人權方面的保護，整個經濟的發展是愈來愈好，經過了一九九六年以來這一段時間，我們台灣是往一個正向的發展。其實一個好的政府應該是小的政府，讓民間的每一個人都能夠發揮他的長才，貢獻他的心力，使國家更美好、社會更安定，使你周遭的人更幸福。所以我覺得台灣發展的方向，除非有危機吧，要不的話我還是比較喜歡做我的學術研究。

李四端：副總統，在你任內工作會需要很多妥協的事情，需要跟很多人協調，是不是也因此發覺，你跟一些其他政治人物的看法是有差別的？可是也許我們國民就需要像你這樣非典型的人物，來改變我們的政治環境跟行政的運作，有沒有這個可能性呢？

陳建仁：我相信台灣人民的民主素養一直在不斷地精進，然後他對於政治人物的要求也愈來愈嚴格，有可能往這個方向去走，但是我覺得台灣好的政治人物很多，不管藍綠都有一些很好的政治人物，他們也願意投入在政治領域，所以我不擔心台灣缺政治家，我擔心台灣缺少科學家。

李四端：科學家是不是更適合從政？

陳建仁：科學家從政有一個好處，他很多事情是以證據為基礎來做決策，像在副總統的時候，我們推動綠色能源也是按照證據來做，我覺得所有的政治家都應該要有好的科學推理的能力，而且要相信科學專業的知識，然後才能做最好的政治的決策，所以在政府裡面絕對不能夠缺少好的專業人員，如果政府裡面缺乏專業人員就只有政治人物的話，我相信政務是沒有辦法推廣得很棒的。

李四端：很多國民可能不太了解，你現在的工作可能不輸在副總統任內的忙碌度吧？

陳建仁：對，確實現在忙得很。像最近在英國成立了一個叫做「疫情後更堅韌的社會」的理事會，我就是亞太地區的理事會成員。（梵蒂岡）宗座科學院，也選我做科學院的院士，最近又任命我做七位理事會裡面的理事之一，所以我現在有滿多國際聯繫的工作。我覺得就像莊子講的，生為傜役，死為休息，但是很重要的一件事情就是，當你把服務人群當作是自己重要的使命，其實這不算辛苦。我也沒有因此而跟家人疏遠，像我跟兩個女兒還有四個外孫，每個禮拜一定好好聚會，他們沒有辦法接小孩回家的時候，我還要去接孫子。

李四端：佩服副總統，你的工作時間分配得非常了不起。你本來是一個科學家，然後進入政壇，也做了很多改革的事情。你自己的感受是什麼？

陳建仁：我真正的感覺叫做「天意莫測」，意思就是說我從來沒有想到要去政府做事，也沒有想到會負責SARS跟COVID的事情，但是人生的旅途對我來講，真的到現在的年紀，好像冥冥中有一個天主的指引，我也有我的十字架，這是天主給我的流行病學家的十字架，我要揹著它這樣子。

也想跟大家說辛苦了，在過去的兩年當中，在疫情的情況下遭遇了很多生活上的不方便，甚至生活上的挑戰，也感謝大家的努力，我們除了第一線的防疫人員跟醫護人員，我要特別表達感謝以外，其實兩千三百萬人都盡了最大的努力，使台灣變得愈來愈好。

李四端：也謝謝副總統，不過你暫時還是忙碌研究室的工作，剛剛也說了天意難違，未來有很多的可能是嗎？

陳建仁：看天主的意思。

（二〇二二年一月）

線上觀賞

SCAN ME

林之晨：擁有好學力，就是好人才

·端哥開場

台灣大哥大總經理林之晨說：「未來，電信事業會是我們生活的全部。」電信，過去只解決人們講手機和上網的問題。到了現在和未來，電信事業則要讓人們生活得更美好。面對未來的憧憬，他說：「電信事業未來的殺手運用就是智慧眼鏡，可以連網而且有鏡頭做各種方方面面的服務，大家會從現在的低頭族變成未來的抬頭族。」林之晨預期，將來元宇宙的裝置將取代手機，這個影音趨勢的實踐，在未來三到五年就會看見。

台哥大的活躍用戶有七百多萬戶，在電影、電視的影音投資更超乎想像的多元，一年就投資十五至二十部的電影和戲劇。林之晨說：「影音不只是娛樂，它對人們的價值觀和想像力更有深遠的影響。」

林之晨投身的「台灣大哥大」團隊，一直在做全方位的長線布局。他篤信電信的影響力將無所不在，也會經由不斷創新，全面改變你我的生活宇宙。

李四端：今天來到時堂的一家人都是名人，父親（林芳郁）是台灣心臟科最早的權威，也是前衛生署署長，母親（林靜芸）是台灣第一位外科女醫師，也是整型權威。兒子則是台灣最年輕的電信公司總經理，十一歲就會寫程式。這一家人他們有什麼故事呢，請做兒子的形容自己的父母親？

林之晨：他們兩個都是好學生，從小就是建中、北一女，然後全國第五名、第六名考上台大醫科。爸爸是一個剛毅木訥的人，非常堅持做對的事，不會因為外界任何壓力而退縮。媽媽是一個非常聰明，而且非常在意細節，在她眼中永遠沒有完美，所以看到你不管怎麼樣，她都一定找得出事情來唸你、要求你改善。

李四端：在你的成長裡面有沒有受到爸爸做事原則的影響？

林之晨：非常大的影響。早期台灣醫療資源不足，如果生病要醫生開刀的話，一定要先去送紅包，但是我父親覺得這是不對的，救人是醫生的天職，為什麼要先收紅包再救？所以他剛進台大醫院還是住院醫師時就不收紅包，但常常是有病人送紅包到我們家裡來，我們得一再拒絕他。記得有一次家裡過年大掃除，在沙發下面找到一個紅包，爸爸就去醫院把所有過去一年看過的病人一個一個打電話找出來是誰，然後把那個紅包還給他。

父親後來當了台大急診部主任、台大醫院副院長、院長，他帶起一批學生就徹底改變台大文化，所以現在已經沒有紅包文化了。當然不能說是被他一人改變，但當他個人有如此堅持的時候，最終這件事情會讓整個組織跟著他改變。

李四端：聽了兒子敘述這件事情可知在他生命成長中，留下了極深刻的印象，該做什麼事，以及該做堅持的事情。你有沒有覺得自己的教育很成功？

林芳郁：沒有啦，晨晨是很聰明的，我很兇，他們兄妹都很怕。他小時候做很多事，我並不贊成，偷騎摩托車，或是他中學時喜歡去打電動。他們學校規定不可以到不良的場所，教官就要給他處罰，他說他在便利商店怎麼是不良場所，所以我就認同他，畢竟是你的規定沒有弄好，叫小孩子怎麼做？

李四端：爸爸認為這件事情你的論點是正確的，你從小就喜歡強辯是不是？

林之晨：我認為是據理力爭。校規寫「本校學生不可以出入不良場所」，但是它沒有說本校學生不可以打電動。我是在學校附近的便利商店，裡面有電動遊戲機台，下課時間去打，教官來就把我們抓走。他說你出入不良場所違反校規，我說這是便利商店它不是不良場所。我從小就認為打電動是一種正當娛樂。

李四端：看樣子你小時候活得滿累的，爸爸嚴厲，媽媽重視細節很龜毛。

林之晨：從小就知道萬一真的怎麼樣了，他們會支持我，但是平常他們很忙，然後對我期望很高。

李四端：你什麼時候知道父母親是名人？

林之晨：在我很小的時候，媽媽就得到十大傑出女青年，電視上有播。後來她出來開業也經常上電視，那個時候大概就知道媽媽是個名人。

李四端：你們小心翼翼要求這個兒子，但Jamie（林之晨）成長中卻做了不少破格的事情，像他會去打電動，大學成績一開始也不怎麼理想，然後很年輕就自己創業，會不會覺得他是一個聰明但不循著常軌走的人？

林靜芸：他一直都沒有循著常軌在走，讓人擔心。我對他有很高的期望，一直覺得他可以比現在還要更好。

李四端：現在我們看到他，台灣大哥大最年輕的總經理，而且還有很多頭銜在他身上，「創業教父」聽過吧，他現在的成就你滿意嗎？

林靜芸：沒有耶。他應該還有更大的潛能。我想要的不是什麼頭銜，也不是財富，就是他應該還可以做更多的事，「因為他是我的兒子啊」。

李四端：你覺得他應該要怎麼樣更好？

林靜芸：第一個要謙虛，第二個要低調，第三個要努力。我覺得還可以更努力。

林之晨：不管你做什麼事情，爸爸媽媽從來不會稱讚你。譬如你如果考一百分，爸爸就拿他以前建中成績單十科都一百分，等到你十科都考一百分再來跟我說。所以小時候有一陣子會覺得滿辛苦的，不過習慣之後反而覺得那是一個很好的動力來源，自己知道永遠都還可以更好。

李四端：聽說現在接了台哥大總經理之後，你才覺得他真的終於有一份工作了，以前的都不叫工作，你很擔心他到底在做什麼是不是？

林靜芸：我對他的期望一直只是有一份職業，比方說八點去上班、五點下班，然後他一直都沒有辦法這樣，所以我擔心他。

李四端：你現在開始要一直做個上班族嗎？

林之晨：工作內容對這個社會產生什麼樣的影響，比較重要。如果說站在某一個位置可以有最大的影響，就去站那個位置。至於位置到底是一個創業教父，還是電信公司總經理，都只是附加的。

李四端：爸爸是心臟外科權威，重視大方向，媽媽是整型外科，重視細節。我們現在知道爸媽對你的成長影響有動力，也有壓力，應該說是愛的支持，講話雖嚴厲一點，但是也有驕傲吧？

林芳郁：父母對小孩子的期望就是他生活得有意義，做出一些對社會有好處的事情。

林靜芸：我們從來不預測小孩子的將來，因為我們家兩個小孩子要做什麼事，就絕對不讓我們知道。像他到台哥大上班，他爸爸是從徐旭東先生那裡知道的。

李四端：如果Jamie現在有一件很重要的事情，會先找媽媽還是爸爸？

林靜芸：好事的話應該會找爸爸，壞事會找我。

李四端：你什麼事跟媽媽求助？

林之晨：創辦AppWorks的時候，一開始用我自己存的錢，畢竟不多，做了一陣子有些股東要投資，但是錢進來的速度沒有那麼快，中間有段時間公司快要斷炊了，就只好跑去找她擋一下。

李四端：所以緊急需要疏通時，你不會找父親。

林芳郁：我沒有錢啊。

林之晨：父親一直是個公務員，而且非常熱愛他的病人，有些經濟比較拮据的病人來就診，他還會幫他們墊費用。我心中想像他應該是沒什麼儲蓄。

李四端：您有沒有出過什麼意外向爸媽求助？

林之晨：有，國三的時候打棒球，我當捕手沒有戴面具，然後一個擦棒球就直接砸到我的臉，鼻梁斷掉整個凹進去。所以就去診所找媽媽，她看到快昏倒，打電話找爸爸，後來他們倆合力把我的鼻子拉回來。

林靜芸：他整個鼻子都不見了，只剩下一個鼻頭，真的會被他嚇死。後來就請他爸爸過來做麻醉，我把他的鼻骨再敲起來。

李四端：一位是不斷地規勸他人生重要原則，一位是不斷地期望他有更高的目標價值，造就今天這位林之晨先生。我們都期待他未來有更大的表現，你自己也期待未來還有更好的人生禮物要送給爸媽嗎？

林之晨：我爸一直跟我講孝是要大孝，大孝是對這個社會有貢獻、對國家有貢獻，自然就是送他們最好的禮物。所以在每一個時間點我都在想，我的能力可以去做什麼事情，對這個國家有貢獻，我繼承了我爸這個價值觀。所以我媽就覺得我們兩個很無聊，每天把國家社會掛在嘴邊。（笑）

（二〇一九年十一月）

線上觀賞

SCAN ME

李四端：現代生活已經離不開網路跟手機，未來只會更加緊密。你現在所主持的電信事業，是不是算台灣競爭非常激烈的一個行業？

林之晨：台灣其實特別競爭，像美國這麼大的國家，電信公司本來是四家，最近已經整合成三家了；日本由三家，最近多了一家樂天，但無論如何也只有四家；中國也是四家，而且是兩家、兩家共用一個網路，全中國實際上只有兩套網路而已。而台灣是五家，政府還規定五家要蓋五套網路，所以兩千三百萬人的市場，台灣的電信其實是過度競爭的。

我覺得台灣十年後很有可能不會是五家，應該會減少。最主要倒不是競爭的問題，乃是用電的問題，現在台灣面對很嚴重能源的危機，有沒有必要養五套電信網路。

李四端：台灣大哥大現在在這個競爭的隊伍中形勢如何？

林之晨：我們現在以市占率來講是第二名，跟第三名相差不大，大概都是四分之一的市占率。老大哥當然是中華電信，是三分之一，百分之三十五左右的市占率。但因為我們多元經營發展得早，旗下有一個MOMO電子商務，如果以今年（二〇二一年）十一月的營收來講，其實我們整體的營收已經超越中華電信的單月營收。所以如果從營收的角度來看，我們也不完全是個電信公司。董事長一直在講我們是新世代的科技電信公司，把科技跟電信融合在一起，成為一個新世代的集團。

李四端：所以台灣大哥大已經不僅是一個電信，它是電信加科技，還有很多的服務。但你接任沒多久就喊出一個口號，希望將來把台哥大要建設成為台灣，除了傳統製造業以及金融業之外，最大一家規模的公司，你為什麼可以有這種的豪語跟企圖？

林之晨：我覺得這是很有可能的。在4G發展的過程去看4G創造出多少巨大的公司，包括我們現在常用的Uber Eats，大家常常上網滑IG等等這些行動網路上長出來的公司，但是你回頭去看整個4G發展的過程，電信商本身並沒有享受到上端的食衣住行育樂的應用服務所帶來的價值。

李四端：電信商大部分猛在蓋基地台、電信房，等於是猛在投錢進去，但是別的公司進來使用你的服務。

林之晨：現在5G來了，5G其實帶來了另外一波食衣住行育樂的重新被發明，重新被改造，在這個過程中我覺得很有機會抓住裡面五個十個成長引擎，發展成一個比較大的事業體。

李四端：今天大家都聽說5G，5G到底能夠帶來什麼樣的新生活，將來它是不是一個全面性服務的整合？

林之晨：是，其實5G是為了手機跟電腦以外，所有的東西要上網所設計的一種通訊協定。其中我覺得最厲害的一個殺手應用叫做智慧眼鏡，也就是說在5G發展的過程中，智慧眼鏡會愈來愈日新月異，愈來愈厲害。

所以在這個過程中，你不能只做電信事業。假設人們未來都不拿智慧型手機，因為當你有了智慧眼鏡，你不會再用智慧型手機了，你就從一個低頭族變成一個抬頭族，如果我在智慧型眼鏡的這個生態系裡面沒有一個角色，而你還是跟我買一個吃到飽的電信服務的話，你不會因為多了一個智慧眼鏡就多買一個電信服務，所以對我電信商來講，我的營收跟獲利是沒有成長機會的；但相反的是，如果在智慧型眼鏡的生態系裡面，我扮演一個很重要的角色，那你就不是只跟我買一張SIM卡了，你跟我買的服務，你跟我買的硬體，甚至是各種不同的訂閱產品，就可以增加我的整個營收。

李四端：將來電信事業會參與什麼角色，製造、研發、運用？

林之晨：很有可能不會太深入的去參與製造跟研發，但是絕對有可能去參與，在智慧型眼鏡上面開發各種不同的、方方面面的服務。你去看整個智慧型手機過去這十幾年來崛起的過程，真正在上面變大的企業，主要都不是參與手機的研發，而是參與上面的食衣住行育樂的研發。

李四端：現在大家常用的外送服務，將來如果有你講的這種載具，眼鏡也好或其他的也好，將來我是不是就可以去體會菜長什麼樣子，甚至可以有某種感官的功能告訴我，我的點菜經驗跟現在完全不一樣了，是可能吧？

林之晨：對，如果我們今天在家裡隨便煮一個食物，但是我可以把環境變得不一樣、變得更舒適，你就會覺得食物變好吃了，這個就是價值。所以它應該是科技加電信，不應該是純電信，也就是說在未來的世界純電信應該是會消失了。譬如過去這幾年，我們跟Google合作，把Google的智慧音箱帶到我們三十幾萬家戶的客廳跟房間、餐廳裡面，人們可以非常方便地控制他家裡的電燈、窗簾、冷氣、電風扇等等，這就開啟了一個科技加電信的智慧家庭，而不只是簡單的家戶寬頻而已；譬如說我們跟Riot（美國電子遊戲開發商）合作，把他的電競遊戲帶到台灣來，讓年輕人可以透過遊戲去跟朋友社交、跟朋友競技，甚至透過組成校隊去參與校外的競技，去達成他社交跟自我實踐的一個夢想；譬如說我們跟Disney+合作，把全世界第二大OTT影音串流平台帶到台灣來，透過這個平台大家可以在電視上、手機上、平板上、智慧螢幕上，欣賞到全世界最好的內容。

李四端：你現在等於是一個夢想的建築師。

林之晨：我們現在最新的核心精神叫作「Open Possible能所不能」，希望幫助我們的用戶，讓他的人生有更多的可能性。

李四端：你這兩三年作為台哥大的總經理，你有沒有覺得你成為很多人的討論，也成為很多人可能家裡一旦網路出了什麼問題的抱怨對象？

林之晨：我還滿常收到客訴的（笑），不只網路出問題，連手機出問題都有。

李四端：今天你還帶來一個錦盃，八十六年大專籃球聯賽冠軍，你籃球打的是什麼位置？

林之晨：我打的叫做板凳的板凳，就是垃圾時間換我上場（笑）。這個盃有幾個意義，第一個我們台大男籃那個時候是不收體保生的，基本上也沒有教練，所以是一群學生自己訓練自己，用自己發明的戰術跟戰略，最後居然能夠拿到甲三級的全國冠軍，相比其他隊幾乎都是體保生。雖然我的籃球實力在校隊裡面不算是可以先發，甚至不算是可以第六人第七人，是候補中的候補，但是我其實花了很多力氣去當助理教練的功能。在助理教練的過程中去幫助訓練學弟，幫助整個球隊看戰術，甚至我們用科學的方法去幫每場球賽錄影，分析每場球賽的過程中我們做對了什麼、做錯了什麼，那個時候錄影設備才剛剛開始而已。

李四端：你未必是球隊裡面的得分人手，但你是球隊裡面的頭腦跟謀略家是不是？

林之晨：幫忙出頭腦，幫忙出謀略，我那個時候還是學弟。

李四端：你到台灣大哥大之後開始學習做一個指揮者、領導者的角色，你能不能告訴我們，以前的你是什麼樣的個性？來到台灣大哥大之後你改變了什麼？

林之晨：我以前大概就是一個屁孩吧。

李四端：好吧，你要這麼直白我也不反對。

林之晨：我最近在看《漢彌爾頓》（百老匯音樂劇敘述美國開國元勳Alexander Hamilton），我覺得他的個性跟我滿像的，就是說他其實有一些理想性，講話很衝不怕得罪人，他每天就用筆桿子想要來說服大家去改變這個世界，往更有理想性的方向走。他不念舊情，當他決定什麼事情要做的時候，他只看這個事情對不對而不是去看我跟你的情分到什麼程度，我以前的個性可能有點像這樣的人。但我來到台哥大之後，整個集團有一萬個同仁。

李四端：而且你們營業額是千億以上。

林之晨：對，他們已經在這裡工作了，我不可能說把不好合作的都換掉，所以我變成要去了解他們的個性，了解每一個人他有什麼樣的喜怒哀樂、有什麼樣的特質，能夠把這個團隊帶領著大家去做你想做的事。

「第三代的電信事業要解決
人們生活怎麼變得更美好的問題。」

李四端：請問你有這個耐性嗎？

林之晨：我天生可能沒這個耐心，但我自己要答應這樣的工作，我自己要把它接起來。

李四端：所以學習耐性，是不是你這兩年多最大的改變？

林之晨：可以說是我學當一個CEO的過程中，一個很大的磨練。

李四端：我們了解電信事業要做很多方面的合作，未來充滿變化發展，為什麼台哥大現在選擇在影音產業上投入這麼多？

林之晨：影音還是人們生活的一個很大部分，人大概一天會花至少二、三個小時，多則四、五個小時在影音上，所以影音是人們最喜歡的一種啟發的來源。我覺得影音對我們來講很重要，更有甚者，其實我加入這個集團時有發一個願，我說如果我做得不錯，這個集團要給我額外的獎金，我想捐在兩個地方，一個是教育事業，一個就是影音裡面。

因為台灣已經進入人口負成長了，即將進入超高齡社會，現在政府專注在要增加生育來解決這個問題，可是增加生育其實不會解決這個問題，因為現在生的小孩，二十年後才出社會，完全沒有辦法解決接下來二十年勞動性不足的問題。真正能夠解決這個問題的一定要用移民政策，為什麼移民政策現在效果不彰？台灣其實有很好的生活型態，但是我們沒有把台灣的故事講得好，所以其實周邊的國家、全世界年輕的族群他並不知道，如果他嚮往這種生活型態他要來台灣，而影音是這裡面很重要的一個槓桿，如果我們能夠把這些故事講得好，就像南韓一樣，你就可以吸引到全世界嚮往台灣的生活跟工作型態的年輕人進來，這個時候才能夠解決台灣接下來十年、二十年，碰到人口負成長跟超高齡社會的問題。

李四端：不僅是你自己個人的願望，將來台哥大在影音內容方面也會成為一個主力嗎？

林之晨：我們現在一年投資十五到二十部的戲劇跟電影，今年的金鐘獎，我們投資《做工的人》贏了四個獎，《天橋上的魔術師》贏了六個獎，我們是今年金鐘獎的一個大贏家。

李四端：電信事業早已經不只是網路、手機或者手中的帳單而已，它幾乎是我們生活的全部，隨著整個新的網際網路或者物聯網，還有所謂元宇宙的介入，這裡面都要靠著我們周圍的無所不在的電信網路，你覺得自己責任有沒有很重？

林之晨：我覺得責任比較重的是，我可能算是我這一輩比較早接如此有規模的公司的一個領導者角色。其實台灣過去都一直在講，應該要加速讓六七年級生接棒，讓他們有一個舞台，我算是六年級生裡面比較早有機會接到這個棒子的，所以我會覺得自己如果能夠把它表現得好，可以給更多的企業有信心，把這個棒子交給六七年級生，台灣的整個企業新陳代謝的速度就會變快。

李四端：我們常說世代有不同的思考，以你自己身處這麼年輕的世代來思考，剛過四十沒多久，你怎麼看台灣未來的發展會是什麼樣子？

林之晨：台灣未來的發展有大好的前景在我們前面，因為台灣現在的問題倒不是失業的問題，主要的問題是企業找不到足夠的人才，即便是成功如台積電，如果你去問台積電的朋友們，他們到現在都還缺乏足夠的人才去支應他們成長的問題。台灣其實接下來的十年，應該是我們黃金的十年，因為世界上的產業發展，從過去低階靠大量勞力來創造價值的世界，開始進步到要靠創意、靠智慧、靠研發來創造價值的世界，台灣剛好躬逢其盛，我們就是處於這樣的一個社會。

李四端：現在你眼中要挑選的人才應該具備哪些條件？

林之晨：只有一個條件而已，就是「學力」。簡單來講，這個世界變化的速度會愈來愈快，所有你昨天學的東西，到了明天都已經半衰了，而明天世界需要你做的事情跟使用的知識，其實今天還不存在的，所以你必須要有這個能力，邊走邊學習。舉個例子來講，現在台灣可能有將近十萬人，他的工作是直播主、YouTuber，或是他們的幕後團隊，十幾年前這十萬個工作是不存在的，現在學校裡面也沒有任何一個科系在教你怎麼當直播主，這是一個憑空發生的行業，但現在已經有將近十萬人是在這樣的行業工作，透過這樣的行業工作來創造自己的生活。如果你沒有一個很強的學力，力量的力，過去這十年在直播主YouTuber崛起的過程中，你是沒有辦法參與的。太多太多這樣的例子了，往前走這樣的變化只會愈來愈快，所以對我來講真正最重要的就是學力而已。

李四端：怎麼看他的學力，你用什麼標準來衡量？

林之晨：其實只要問幾個簡單的問題就可以知道了，問問你對什麼東西有興趣，你有興趣的東西你有沒有學，學了多少，可不可以表演一下給我看，為什麼？當我念MBA的時候，二〇〇四年非得要飛到美國，去跟美國MBA的教授學金融相關的知識，因為你沒去美國你學不到這個知識的；但是到今天，你對任何知識有興趣，打開電腦，打開YouTube、Udemy、EDUx、Coursera，所有的知識都在網路上唾手可得，你想學就學得到，所以當你對一個事情有熱忱、有興趣的時候，你有沒有真的動手去學，還是你只是坐在那邊什麼行為都沒有發生。所以一個有學力的人，他其實是一個有行動力的，當我想學一個東西，我就會動手去把它學起來。當你是這樣一個人才的時候，我跟你保證，在未來十年、二十年、三十年的世界，你一定會表現得很好，因為這個世界需要什麼，我們就把它學起來。

李四端：你有兩個兒子，他們的網路生活如何？

林之晨：基本上每天都掛在網路上，很有趣喔，他們在學校的同學會約好下課後，在家裡一起上網玩遊戲，然後會做遊戲給彼此玩。現在有很多像這種元宇宙類型的平台，Roblox或Minecraft上面都可以由玩家來製作地圖或是製作遊戲，來給另外一個玩家玩，他們就會自己做遊戲，做完之後找他們的朋友來玩，變成他們的一種社交。當我能夠做成好玩的遊戲給別人玩的時候，我會覺得社交地位提升了，自我的能力被實現了，這個對他們來講是他們人生的日常，所以你去想像這些人長大的世界，跟我們長大有多不同。

李四端：如果將來你的兒子，選擇要從醫還是從事科技電信，你會鼓勵他們去做哪一個？

林之晨：我會鼓勵他們做他們最想做的事情。

李四端：不過將來的醫療恐怕也是要靠物聯網。

林之晨：將來的醫療，可能人類不從事治療的工作，也就是說很多手術可能是由機器人來做，甚至診斷上初步的判斷也可能由ＡＩ跟機器人來做，這是很有可能。但不代表醫療需求會結束，事實上醫療需求會更增加，因為現在我們在做基因定序，有了基因定序之後，就會更了解蛋白的生成，如此就可以去了解每一個人他為什麼會有什麼樣的疾病，它背後更深層的邏輯。這個時候就可以發展出個人化的治療，甚至是預防性的治療。

李四端：今天的電信跟我們上一代已經完全不一樣了，你能不能把今天的電信事業它真正的故事、真正的代表，簡單的告訴我們？

林之晨：我覺得一開始的電信事業是要解決人們講電話的問題，第二代的電信事業是要解決人們上網的問題。但第三代的電信事業，我覺得是要解決人們真正人生怎麼變得更美好的問題。電信事業現在正從第二章要演到第三章的過程中，過程中會有一些轉型的痛苦，但是如果能夠轉型到第三章的話，會是這個事業一個很好成長的動能。

李四端：所以電信事業現在需要的領導人不僅是行動家，更需要是一個夢想家！

（二〇二二年一月）

線上觀賞

SCAN ME

盧彥勳：我做到對自己跟對家庭的承諾

盧威儒：我們是退役，不是退休

· 端哥開場

「網球一哥」盧彥勳二〇二〇年東京奧運結束後，退出璀璨的職業網球生涯。盧彥勳和哥哥盧威儒在節目裡特別強調，「不喜歡外面的人說我們是退休，我喜歡把它講成退役。我們只是結束了職業選手的角色，以後，我們還要從事和網球相關的事情。」

盧彥勳和哥哥盧威儒現在做國際網球學校，專心幫助並且培育下一代的網球選手。盧彥勳過往的網球事業看似風光，但他卻說對家人感到抱歉，「因為我的家庭和家人，為了我的網球生涯犧牲太多。如果讓我再選擇一次，我可能會卻步。」

很訝異盧彥勳在節目裡表達的這麼直白。盧氏兄弟表示，台灣的網球環境和歐美相比太複雜也差太多。退役之後，他們要運用自己在國際網壇的經驗和人脈，把台灣網球和國際網球對接。既要教選手們球技，也要教他們人生經驗，讓年輕選手少走一點冤枉路，減少對家人的抱憾。

「網球一哥」不退休，他要成為台灣與世界網球對接的橋梁。

李四端：大雲時堂第一次以牛奶來招待客人，歡迎兩位台灣最有名的網球兄弟，盧彥勳、盧威儒。從小盧爸爸在你們練球時，準備雞湯跟牛奶給你們喝對不對？雞湯是因為爸爸做賣雞的生意，那牛奶呢？

盧彥勳：牛奶就為了讓我補充營養，他怕我長不高啊，所以每天就灌牛奶。

盧威儒：雞湯應該是我們五年級升六年級的時候，轉骨每天都要喝，一次來就是一個禮拜的份全部要喝。

李四端：我只能說盧爸爸充滿愛心，望子心切，果然兩位也成功了。我知道你們喜歡的菜色是韓式辣炒春雞，它的典故是什麼？

盧彥勳：有次去韓國春川比賽，其實我們整個團隊有一點迷信，只要比賽前一天晚上吃什麼，隔天如果贏了，接下來每天晚上都會吃一樣的餐廳。所以那時候我們吃了當地有名的辣炒春雞，隔天比賽也贏了，就連續吃了七、八天吧。

李四端：在你們這種職業級的比賽選手當中有這些迷信是常見的嗎？

盧彥勳：好像滿常見的，像現在頂尖的這幾位，其實他們都有一點。全世界都看到納達爾換邊的時候，瓶子一定要擺得很正，然後商標一定要在最前面。只要他每次一站起來都要去喬那個瓶子的角度，這大家都知道啊。像比如說我到球場上去，要跟球僮拿球，我一定會是右邊就跟右邊，左邊就跟左邊。假如我站在左邊的時候，右邊球僮丟給我，我就把它丟回去，我一定要跟左邊的拿。

李四端：你真的有碰過因為自己沒有遵守這個忌諱，後來輸球了嗎？

盧威儒：我倒是記得有次我們換了一個教練很洋派，他實在受不了每天都吃一樣的餐廳，所以我們那次去韓國比賽的時候，他就真的每天給我們換一個餐廳，結果我們第一輪就輸了，而且連續兩到三個比賽都第一輪輸。

盧彥勳：後來我們就跟他開會，你自己去吃，我們吃我們的，但他也是跟我們妥協了，只是每次要跟我們去吃飯時就會開玩笑碎碎唸說又來了、你們又來了，我真是搞不懂你們。

李四端：但真正讓球迷與觀眾印象深刻，就是每次你贏球或得點的時候，你都會仰頭，手指著蒼天，然後向天上示意，這是從什麼時候開始的習慣，爸爸過世之後嗎？

盧彥勳：就算是跟他報告比賽的狀況這樣子。剛開始打職業的過程其實滿艱辛的，你要贏一場球，好像很難拿到一分，獲取成績都不是那麼容易。直到慢慢自己成績穩定下來了，我覺得在努力過程當中，你就是一直埋頭苦幹，但當有成績的時候，你會覺得這一切的過程跟初始，沒有爸爸的那一段，就不會有自己現在的機會跟狀況，所以每次贏得成績的一刻，都會有一點遺憾，爸爸沒有辦法在場邊看我拿下這一場比賽，這個動作後來就變成是一種習慣。

李四端：大哥其實在生命中的重要性不亞於爸爸吧。在你們這次告別網壇的東京奧運比賽的時候，我特別受到感動的是大哥在自己的社群媒體上，你拍了一張照片是他這次最後登場的背影，你當時寫的文字很感人，那時候心裡是什麼感覺？

盧威儒：彥勳參加職業賽的第一場賽事應該是二〇〇〇年的七月，我們到印尼雅加達去比賽，那一次的賽事是我帶他出去比的。現在奧運這場賽事算是他職業生涯的最後一場，坦白講我們應該是不太能贏，因為對方算是現在世界上最頂尖的選手。在那個當下，我只是覺得這也許真的是彥勳最後一場的賽事了，之後可能再也不會在職業賽場或是電視上看到他比賽了。

李四端：你有沒有感覺也是一種負擔與壓力的解脫呢？

盧威儒：想想在某些時候倒是，因為這二十年來有很多過程其實都不為人知，包含我們為了他比賽，即便我們沒有跟到現場，一些生活已經被打亂了，他只要在國外比賽，我媽晚上一定要起來看著螢幕，以前他們的比賽是沒有轉播的，很多時候只能看比賽分數的實況，你完全不知道他下一分到底發生什麼事。我只希望那個分數能夠一直跳，是對他有利的，而我們最擔心的是那個分數忽然間停住，意思代表有人喊傷停了，我們就會擔心是不是他受傷了。

也因為長期壓力太大，我媽身體不好有高血壓。如果我們跟他出去比賽，生活飲食都不正常，他比賽沒有吃飯，我們絕對不會吃飯的，久而久之我們全家都有胃食道逆流的問題。現在好像放下了，以後再也不用過這樣的生活。

李四端：但畢竟歷經了二十年，每個時刻不斷地拉著你，這放下了看似輕鬆也是一種很牽絆的過程，你們真的放下了嗎？

盧威儒：雖然是放下，我覺得那些都是我們這一生裡面最好的回憶。

盧彥勳：我媽常說以前最辛苦的時段是她跟我。那一段時間我們去了滿多像烏茲別克、印度等相對落後的環境，飲食上對我媽這個年紀的長輩而言特別辛苦，吃不習慣，環境比較髒亂，我媽也是一直忍耐。所以我們每次談到這個，她就在消遣我哥說，你都是後面參加大賽的時候才跟著他，後面都享受到了。現在確實我們不需要再過這種高張力，按照著行程表一直走一直走的生活。要說完全放下倒是沒有，有時候還會想這個時候以前的我，應該是在哪一個國家、在準備什麼比賽，也會覺得自己是不是要再做一些訓練，還要把我自己維持住這樣。其實就算我現在在帶選手訓練，晚上回到家小孩一睡，我還是自己訓練。我太太說你到底在瘋狂什麼？你已經不用比賽了，為什麼練得比比賽還要多？我覺得第一個，我還是對自己身體的狀況有所期待。第二個，透過持續的訓練，我能跟這些選手有更直接的連結。

李四端：所以你還沒有脫離那個二十年的身體，你的理智已經完全脫離，但是身體還停留在備戰狀態。

盧威儒：他的訓練不會比選手少，有時候選手在練的時候，他真的還是下去跟著做。

李四端：曾經那些勝利的喜悅應該還在你的血液裡面，還是會懷念吧？

盧彥勳：我們很少談，也很少跟現在遇到的選手說我們以前多麼怎樣。更多回憶是有時候社群媒體它會跳出來提醒你，某時今天發生了什麼事，你看到會想說：我當時真的很棒，曾經也做得這麼好。其實在當下當然很開心，但你知道比賽很快，這週完換下一週，就下一個比賽，你不會有太多的時間沉浸在這場勝利，下一場比賽一到，你又是從第一輪開始。

李四端：像你這樣職業的頂尖球員，退下來是不是一件很不容易的事情？

盧彥勳：容易也算不容易，但是我覺得我們是開心的啦。

盧威儒：在他那個當下決定退休的時候，當然是覺得有點可惜，因為他那時候排名還滿高的，一個關鍵就是他開刀嘛，可是我們私底下跟我媽討論也是認為，其實也夠了，他從國中開始出去比賽一直打到現在，二十五、六年了，我們人生有幾年可以活，像我爸短一點四十九歲就回去了。他幾乎有大半時間都在網球旅程上面，放掉很多人生本來應該要經歷的事情，我覺得也是時間讓他重來，回到正常的人生體驗不一樣的東西，多陪陪他的家庭。

李四端：我想你這個決定跟一般人工作到幾歲退休是完全不一樣的，你要跟一生奮鬥的事情說再見，而且這個再見是不可能挽回的，你有沒有很激動？

盧彥勳：說實在我們確實經歷很漫長的時間，但是一轉眼有點不敢相信自己剛剛講的話，此時此刻我就不是選手的身分站在球場上面了。像現在很多人還是在介紹說你是國手，你心裡知道你已經不是了。但是在那當下他也安慰我，說你應該高興，因為你辛苦這麼久了。我覺得你要走這一條路，要有很大的勇氣；當你要停下從事二十年的事情，你也要有很大的勇氣。

李四端：有句成語在你身上是否適用，「急流勇退」？

盧彥勳：我不知道算是急流勇退嗎，我只是自己設定好退下來的舞台，我不希望變成不得不退的感覺，其實從五、六年前，甚至沒開刀前，我都一直告訴自己：不想要最後變成是被這個大環境給淘汰的，我要選擇退下來的那個時刻跟舞台。所以我才會選擇要開這個刀，我要選擇我最後是健康地離開球場。

李四端：大哥後來看他那段時間調適得怎樣？

盧威儒：其實也還好，因為我不太喜歡外面的人講我們是退休，我喜歡把他叫做退役。退役只是說從職業選手這個角色結束了，可是實際上我們之後要從事的還是網球上面的事情。

李四端：最後那場退役的比賽（二〇二一年七月二十五日），跟你比賽的那位選手主動跑來

「退役只是結束了職業選手的角色，
實際上我們之後從事的還是網球的事情。」

跟你說了什麼？

盧彥勳：他（德國選手茲維列夫）就說你的努力，這二十年來大家都看到，你有一個很美好的網球生涯，而且非常不容易，所以你應該要對自己感到驕傲。因為以他一個勝利者的角色來說，他知道當然大家都希望在結束的時候是一個較美好的方式，就是拿到勝利，但是他打敗我，他覺得又是我的最後一場比賽，他沒有換衣服就直接跑來找我。其實我們認識很久，之前共用過團隊的人員。他大可不必做這件事情，但是他有這個動作，表示他肯定一個球員在職業生涯的努力付出。

李四端：運動員之間這應該是最可貴的。大哥你會怎麼評論他這二十年來？

盧威儒：坦白講初期的時候，他在球場上的情緒起伏比較大，所以表現也比較不沉穩，可是經過二十年來的磨練，再加上他也參與了很多網球國際組織的一些運作，透過跟世界各國教練交流的過程，其實他的視野大了很多。我覺得後期他展現出來的，不管是台風或者整個在球場上的穩定度都非常地成熟，這是我看到這二十年來他進步最多的地方。

盧彥勳：我覺得是經驗的累積，以前為了追求更好，非常專注在這個上面而沒有太多時間去感覺周邊經過所發生的事情。我覺得前十年，甚至溫布頓拿到八強的時候（二〇一〇年），到後面這幾年還是對自己要求很嚴苛，我單純就是球場的事情，其他都不想要知道。這一段時間我略過很多事情，沒有真的去體會跟感受。後來二〇一二、二〇一三年有一點低潮，甚至在二〇一三年後幾乎萌生想要提早退休的念頭，我也開始觸碰到球場輸贏以外的一些事務，我會更多的去體驗那些感受。

李四端：你在前期拚鬥的辛苦，有沒有可能是因為外界幫助的條件太少了？

盧彥勳：都有吧，不看好或者說你不是在人家的關注眼光下。我覺得應該正面一點看待前半段是開拓，沒有太多資訊。

李四端：如果沒有大哥在你旁邊，後半段的過程能夠改變嗎？

盧彥勳：我覺得前半段可能都過不了吧，沒有他的支持、家庭的支持，真的前半段很難支撐。

李四端：很多人都說你放棄了原本屬於你的工作、博士學位，你有沒有覺得惋惜？

盧威儒：因為我自己也算是網球人，小時候是我先學網球的，我們都很羨慕看到山普拉斯、阿格西在電視上打球，想著哪一天我能夠站上那個場地，去跟他們進行對戰，不管輸贏都是值得的！可是大部分的台灣人跟亞洲人，都覺得我們台灣男子選手不可能，這是遙不可及的一個夢想，為什麼？因為網球刻板印象就是歐美選手的天下，他們身材比較好。我覺得在經過盧彥勳這樣子二十年來的努力，他竟然能夠站上那個場地跟這些所謂的名將，像費德勒、安迪．穆雷、喬科維奇，可以跟他們相抗衡，而不是直接被他們六比〇，甚至有些時候他還可以贏過這些有名選手像安迪．羅迪克，光這一點我就覺得非常地光榮，而且更光榮的是，我是他的團隊之一，所以我不後悔做這樣的決定。這可能是我一生裡面最有價值的經歷。

李四端：剛剛彥勳說如果沒有你，他可能撐不過前半的過程，這一點你自己接受吧？

盧威儒：應該說我們在前半段，真的大部分人都不看好，尤其爸爸過世之後，我們的資源相對少，再加上初期有另外一名選手的潛力比盧彥勳更好，不管是媒體的關注度跟資源都放在他身上，一開始我們這邊受到一些不公平的對待，可是那時候包含媽媽我們三個人算是眾志成城，大家團結在一起為自己爭一口氣。另外一方面，在那個時間點運氣很好，上帝也派了很多天使來幫助我們，譬如說中研院的李遠哲院長跟那些師長，還有聖荷西回來的一些僑胞像翁嘉森先生，只要我們遇到經費上的問題，或有時候我們跟協會或是外界有一些比較重要的議題，要去跟人家有點在對抗的時候，這些長輩他們都會出來幫助我們去突破一些難關。我覺得能夠撐過這些，除了我們自己努力以外，還要感謝他們一路相挺。

李四端：這些球場上的勝負，跟人生球場上的種種感受，哪一個你覺得比較難打？

盧威儒：都很難打。

盧彥勳：我們退役完之後現在做網球學校，有天我也開玩笑跟他說，我覺得做選手相對單純一些。

李四端：你們現在跟台灣的兩所大學合作，要做國際網球學校，主要是想培育我們的下一代選手，所以接續你剛剛的話題很難打是因為環境還是人為？

盧威儒：大環境也不好，我們台灣的網球資源本來就比較少。

李四端：你們兩兄弟出來開始經營，把培育下一代當作你們最新的任務跟職志，你覺得能改變環境嗎？

盧彥勳：坦白講不容易，但還是得做。就像我們當初在走入職業網球這一條道路上，大家也不看好，現在情況一樣，大家說這個東西可以改變嗎？也許不行，我覺得還是要有開始。

李四端：你們能給這些年輕有希望的選手，提供一個什麼條件是當初你們想等而等不到的？

盧彥勳：我覺得第一個是經驗，第二個是在這過程當中的很多想法，當然還有技術層面上也是。因為當初我們在從事這件事情時，其實都是問號，不是說我們的東西就完全對，但是在這過程當中的一些經驗或台語講的眉角，在球場上不管技術與生活上要面對的，我可以讓你們知道有這樣子的過程，所以至少你在心中可以有所準備。

李四端：你們教他的是球技，還是人生經驗？

盧彥勳：都有，我們希望他能夠在堆積期的時候，就養成一些想法、觀念、態度跟習慣。譬如說你對一件事情，是從被動到一半一半然後到完全主動，這是你要從小去養成的。很多小朋友開始接觸網球，他可能是家長推一把的，自己也滿喜歡但不見得要，慢慢發覺還不錯有一點表現，但是後續他有沒有辦法主動地追求知識？以我們在基層的一些小選手來講，他們確實在一開始投入很大量時間，成績也不錯，但問題是時間的編排跟後續的量，假如沒有完善地規劃，很多小選手到真的要走進職業成人階段，他已經疲乏了。

李四端：在國外來講，職業球員一旦退役之後參與政府的體育組織，這是常態的事情吧。你現在有這方面的工作嗎？

盧彥勳：沒有，我不強求這件事。我知道自己在做什麼，而且更很努力地去做。

盧威儒：我是覺得應該要有一個機會，讓他把在國際上看到的一些譬如國際網球組織運作的東西都帶進來分享給國人。

李四端：網球一哥不該只是一個名號而已，應該要把你的經驗傳承下去。

盧彥勳：這是我們努力的方向，也是為什麼我們成立網球學校的一個初衷。更多的是我們希望把這個網球學校，變成是國內跟國外連結的一個橋梁。

李四端：這二十年來在球場上，你們看到最得意跟最失意的事情是什麼？

盧威儒：最得意應該還是像溫布頓這種大賽裡能夠打出好成績。失意的留給你講好了。

盧彥勳：很多人會說假設再讓你選擇一次，你會不會再做這件事情？我覺得唯一我會考慮的是，假如我們家庭要因為我犧牲這麼多，我會卻步。所以我覺得失意的部分是，我讓整個家庭大家犧牲這麼多。不管是媽媽的身體狀況，或者是哥哥為了我犧牲掉他那時候大學畢業的憧憬，甚至我太太、小孩的時間，這是我比較失意的一個部分。得意的部分，是我做到對自己的承諾，跟對爸爸、整個家庭支持我的承諾。不管說今天有沒有拿冠軍，但我覺得我做到了。

（二〇二二年五月）

線上觀賞

SCAN ME

林蒼生：企業發展仰賴「清富」觀念

· 端哥開場

統一集團前總裁林蒼生，正在推動一項震撼企業老闆的「清富」行動。林蒼生說：「經營企業當然是為了賺錢。但正能量的錢要賺，負能量傷天害理的錢永遠不要賺！」這看似人人都懂的經營之道，對黑心企業卻是當頭棒喝。林蒼生強調，「心裡端正，做事就會端正。」有良心的企業主若能行得正，企業員工就能做得穩，社會就能天下太平。

過去農業時代以「清貧」為美德，未來則要以「清富」為時尚！做到「清心厚德、富而無驕」。

林蒼生提倡的清富，強調觀照本心。清富的觀念不只獨厚企業主，更適合一般普羅大眾。他說：「譬如情緒不好的時候，不要妄下判斷和決定。因為心情不好的負能量，容易讓決定出現錯誤。」林蒼生說心情不好就走出去遊山玩水，走進大自然，低落的情緒會一掃而過。以「清富」為目標，人生才能往正向前進。

李四端：人的一生無論是生活、工作乃至生命的本質，似乎永遠都充滿著很多的欲望、很多的需求，我們如何保持自己心靈的平靜跟快樂呢？

今天請到前統一集團的總裁林蒼生先生，最近出了一本著作叫做《隨便想想2.0》，這可不是隨便想想，而且是第二次的隨便想想，上一本《隨便想想》是二〇〇八年了，這算是一個進階版本。你說主要想寫給企業家來看的，但其實很多不是企業家的人也應該來看這本書。

林蒼生：每一個人都需要看，但是因為我剛開始的時候把題目想得太大，寫了台灣將來怎麼走，後來想一想我不當總統、不當政治人物，我幹嘛講那麼多的東西讓別人去做，所以第二、三篇以後就改變方向。我來自企業界，所以我對企業認識最深，台灣的企業百分之九十八都是中小企業，所以中小企業他們的觀念如果能夠升級到國際性企業的話，台灣的未來不得了。因此我提出「清富」的觀念：你不是只有賺錢，不是只有營利為目的而已，一個營利的企業家，他可以營利但是心靈還是永遠保持乾淨、清淨或者是閒適；一旦你心靈不安閒，你沒有辦法讓心安靜下來，你的事業不一定會有正確的方向。

各位要知道一塊錢有正的能量跟負的能量，正的能量幫你賺了很多錢，負的能量將來還是會把你扣回去，所以你絕對不可以去做汙染環境或者對人類缺德的事情，它都是負能量的錢。

李四端：你本來是想寫給對台灣有廣大影響力的中小企業家乃至於大型企業家，讓他們來做出一些改變，帶動整個社會改變。但是一般的人即使不是做企業的，如今也應該來想一想心靈平靜跟欲望平衡的問題？

林蒼生：絕對沒有錯。但是你要知道年輕人他一離開學校就很想好好賺錢，事實上我擔心的是，一個人很聰明但是他只被金錢或者利害關係牽著走的話。

李四端：所以整個的觀念還是在於我們對於利益這件事情的態度、價值。

林蒼生：要認清！

李四端：利益本身是不是罪惡？

林蒼生：不是罪惡，但利益本身必須要有背後的心靈狀態來做指導，所以你是充滿了善意、充滿了理念、充滿了慈悲心的利潤，絕對是好的利潤。

李四端：「清貧」兩個字在你的眼中的時代意義是什麼，今天還適合嗎？

林蒼生：不適合，因為古時代大家都很窮，你也窮我也窮，大家比的是修養，譬如顏淵那麼窮卻不擔心吃的問題，所以那心靈很清！孔子非常讚賞他。但是現代經濟已經發達，你要人家守住貧窮誰也不願意嘛，所以事實上應該跟著時代改變而改變，應該是「清富」。「富」的意思就是說：你可以富有，富有來自哪裡，來自邏輯，邏輯來自哪裡，來自腦筋。那個「清」呢，來自心靈，所以變成了心靈跟腦筋裡面的問題。

李四端：你講到清富，這個富是代表富裕吧，所以人有富裕的生活，不是錯？

林蒼生：絕對不是錯。

李四端：人追求富裕的生活，也沒有錯？

林蒼生：也沒有錯。

李四端：人在追求富裕生活的同時，會不會心就亂掉了？

林蒼生：問題就在這個上面，你永遠在追的時候就沒有一個止盡，看某某非常富有就一定要跟他一樣的時候，你就無所不用其極，無所不用其極的其極，就變成為沒有道理了。

我在追求財富的時候，我也心安理得，如此我們的整個事業就會在一個很心安理得的事業裡面發展。尤其是企業家，他如果心不安、理不得的話，底下的職員也跟著他這樣子做。所以我希望從企業家切入就是這個原因，因為企業家帶動了成千上萬個人，事實上我們整個台灣從這個上面來改變世界，一步一步這樣子來的話是最好的，所以我才會選「清富」兩個字。

李四端：企業家如果做不到心安理得，錯在哪裡？是他的心靈錯了，還是什麼地方看錯了？

林蒼生：錯在欲望太大。

李四端：我們有時候不是需要把欲望當成一種動力嗎？

林蒼生：例如說你需要救世界的話，那個動力當然是很好啊，但是你也沒有救台灣，你怎麼能夠救世界呢？你沒有救自己的家庭，你怎麼能夠救台灣呢？你沒有好好的把你身邊的事情先做好，你怎麼能夠做到那麼大的世界呢？所以還是有它的層次。

李四端：所以企業家的層次要從個人的修為先開始。

林蒼生：還是從個人修為，所以我常常講一個企業就是一個大家庭，把企業當作一個家庭來經營，把社會當作一個更大的家庭，我們在中國叫做家族，你沒有做好家族，你怎麼能夠平天下。你把一個家庭做好，是不夠的，家族跟家庭不一樣，家庭只有幾個人，家族有時候是上百人、上千人，那麼大的家族你都控制好的話，一定有它的格調或是有它的人格，那就變成有很大的學問在背後。

李四端：基本上你是認為人的覺知是可以流動的，可以一個傳一個？

林蒼生：不是傳，是影響，一個人的觀念會影響第二人的觀念。那個影響是說你心裡面端正，你做事就很端正，你身邊的人就慢慢被你感化，所以我們中國從古到今都變成為一個家庭企業。中國的文化跟西方的文化為什麼不一樣？西方是有地主跟奴隸的差別，他們是分階級的，我們東方不是，我們是井田制度，耕作的人跟公家地方是變成為一體的利害關係，因此井田制度造成以後幾千年來都有相互合作的習慣，我們不可以小看這些事情。所以我現在很喜歡看古代的東西，就是這個道理。因為我發現我們被古代的影響很大、尤其是春秋戰國之前。

李四端：即使今天我們活在台灣的這個時刻，還受到那麼多歷史文化因素的影響嗎？

林蒼生：不只是歷史文化因素，因為我們現代跟古代不一樣，現代是東方文化跟西方文化已經變成了世界村的時代，就會有所碰撞。我說碰撞兩個字很重要，因為它如果是衝突的話就不好，如果是融合的話就很好，但它怎麼會融合呢，太平洋那麼大容得下兩個大國嗎，容不下的時候怎麼辦，就有很多奇形怪狀的策略出現，現在我們在報紙上看到的都是這些的副作用。所以我很希望台灣能夠拓展出來，變成我們以文化來帶領台灣的話，可以變成為中華文化是在台灣的發展之下，如果整個中國人都是一個龍的世界的話，我們就變成了龍珠。

李四端：我慢慢了解清富是尋求一種心安理得，這個修為怎麼去做？你接觸這麼多企業家，為什麼有人做到，但是也有很多人沒做到？

林蒼生：例如說我現在接觸比較多的是三三青年會（青年企業團體）跟進出口公會，我們做了一個將帥班，我在幾個企業團體裡面，慢慢把身心靈的觀念灌注進來，讓他們能夠有所理解以後，他們的企業就做得很好。

李四端：你對這些企業家講清富的道理，你教他們要怎麼做？

林蒼生：我不必教，我只要談內心的問題。

李四端：我就從你書中來談幾個內心的事情，你建議每個人不時微笑，微笑其實是一種有力量的。

林蒼生：微笑很重要，微笑的時候表示你沒有心機，因為微笑一定是來自你心的深處，所以微笑表示沒有心機的人。

李四端：我以為微笑是一種禮貌，是一種敬意跟尊重。

林蒼生：我跟你講，假的微笑人家一眼就看出來了，真的微笑跟假的微笑一定可以看得出來。一個人的心境，平靜的時候，他能量會增加，能量的增加方法就是微笑。

李四端：為什麼心靜的時候，能量會增加？

林蒼生：因為清靜的時候，能量就來自於宇宙。你很安靜的時候，就跟宇宙的能量開始接上頭，所以我談了很多「本心」就是這個道理，本心是跟宇宙接觸的那個點，從量子論裡面來看大霹靂之後有一個奇點，奇點的意思就是說它只有點，它沒有大小，但是它有能量，奇點的能量非常非常地大，大到變成為黑洞一樣大，黑洞再過去就是整個宇宙了，所以事實上它是跟宇宙連接的。人如果能夠好好的在這個奇點裡面，安住本心，他就可以跟宇宙間吸進很多的能量，這個在莊子叫做「遊心於淡」，在老子的話，他也是用這個名詞，只是變成為「遊心於物之初」，什麼叫物之初，就是物質發生時最開始的地方，老了跟莊子他們是很早就已經懂得這些道理的人。

李四端：書中你也提到千萬不要在情緒低落，甚至生病或者挫折的時候去做任何的決定，為什麼？

林蒼生：因為你那時候能量低，能量的原理是跟能量低的對象共振，所以當我們情緒不好的時候所做的決定，一定會引來能量不高的結果。我很建議情緒低的時候去玩，遊山玩水是很好的事情，從大自然裡面吸引進來很多的能量，能量看不見但是影響我們的身心。

李四端：我們做決定時的心境，會影響並決定最後的發展，這很有意思。

林蒼生：當你很順的時候，你做的事情都很順。

李四端：對，我必須承認在我個人生命中，順的事情有時候接二連三，但厄運有時候也是接二連三，而且幾乎可能同時發生甚至也預感它要來了。

林蒼生：我跟你講人都會碰到厄運，那時候你就不要氣餒，去玩。你看古代一些名人像蘇東坡遊山玩水，這背後都有他的需要啊，為什麼在太太過世的時候「十年生死兩茫茫」，他幾句話就把詩意變成為他情緒的一個代表，所以事實上我們必須學他，怎麼樣在很落魄的時候還可以有很高昂的心情，這就是寫詩的一個很重要的任務。

李四端：你自己在企業從事這麼久，有碰過真實的例子，你在情緒不好曾經做過決定，而事後這個決定證明是一個很大的錯誤？

林蒼生：我也沒想到那麼多，因為事實上每個人的環境不一樣，坦白講我在統一所做的事情，很多人都幫助我，我非常地感謝，感謝身邊所有的人尤其是我的長官。當我們感謝任何人的時候，你就比較不會有負面的情緒。當負面的情緒來臨，當不好的運氣來的時候，你也要感謝。

李四端：對於現在的年輕人，他們都有很多的欲望，對現世有很多的不滿足，這本書能幫助他們什麼，他們這個年紀看適合嗎？

林蒼生：適合。一個人的思考沒有年紀的差別。小學生也要思考，中學生有中學生的思考，人到六十歲還是有他的思考，所以你要知道，年輕的時候思考的是我怎麼能夠賺錢養家，養家是他最大的目的，但是除了滿足那個目的之外，慢慢他就會體會思考到，自己還需要有更深的東西的時候，這才是知識分子。一個知識分子要把快樂分成幾個層次，如果說你賺了幾個錢很高興，那太表面了，我買了一個新車子，當然我那個時候很快樂，但是我的面子如果被人家畫了幾條線就不快樂，當快樂不快樂變成一種對比的時候，你不是絕對的快樂。我們要培養的是心裡面絕對的快樂，不管碰到什麼場合你都很快樂的快樂。

李四端：只是年輕人來講的話，如果他的生活條件不是那麼富足，他的快樂來自哪裡？

林蒼生：安靜！一個人要快樂，要先能夠知道怎麼安靜自己。你回去以後不要再想太多，你就安靜下來，好好地對著山、對著水，很安靜地在一起時，慢慢你會覺得原來安靜的背後有很多的文章。

李四端：我看到這個書裡面特別提到咖啡，你喝咖啡很多年而且喝過世界各國各種的咖啡。你為什麼覺得喝咖啡給你一種平靜？

林蒼生：我跟你講喝咖啡一下子就喝的人，他不是喝咖啡，他是喝飲料。喝咖啡不是這樣子的，我第一次喝咖啡是在日本的時候，有很多的Kohikan客喜康珈琲館，那時候才開始流行。

咖啡來自於它這個植物很特殊，跟茶一樣很提神，提什麼神呢，就是當你整個心靈有什麼不安的時候，你慢慢喝，它就會有一種力量，讓你好像是跟著那個力量安靜下來的感覺，所以我寫我喜歡喝咖啡，其實不是教你要多喝咖啡，我是教你怎麼喝咖啡。咖啡是真的非常好，但是你要有自己適當的量，我喝咖啡是我到中美洲的時候，開始學很多的東西回來。咖啡一定要長在大樹底下，它在什麼樹底下就有什麼味道，所以我說我們來種一個咖啡樹，在相思樹底下叫相思咖啡，豈不是很好嗎，你要知道什麼叫行銷，行銷就是要從一開始的時候給人家有一個心動的感覺。像我書上所講的，第一口絕對是很小口，小口喝下去的時候，你才知道嚥下喉嚨時咖啡從鼻子出來的感覺，鼻子出來的感覺裡面就跟你在打坐的時候，怎麼樣眼觀鼻、鼻觀心是有一些關係。

李四端：你每天做的很多事情都會思考它裡面的本質，或尋找它能給你帶來的力量嗎？

林蒼生：必須，所以事實上我為什麼要提到《六祖壇經》，《壇經》是非常好的《金剛經》，《金剛經》是印度來的，但是到中國以後變成一部《壇經》。《壇經》坦白跟你講就是中國的《金剛經》，它完全是中文的世界，《金剛經》裡面所談的東西，《壇經》裡面都有談到，尤其是它談到更仔細。它談到「不識本心，學法無益」，你學來一大堆東西卻不知道你的本心在哪裡，本心就是我剛剛講的奇點，那個奇點裡面你跟宇宙接觸的時候，你就接觸到你的本心，所以說它為什麼會寫到幡動、風動跟仁者心動，因為它在表示說，你如果表面上看它是一個旗子在動，但是你如果從思考去看的話它就變成風在動，但是比思考更深的地方去看，不是，那是你的心靈，本心在動，它把整個動的層次分成三個階級。

李四端：我們剛剛從一開始講到個人身心靈的層次，後來在這本書的後段，你開始慢慢把文章的力量集中到台灣的下一步了，你提出一個口號GCP（文化生產毛額）。C是代表文化Culture，GCP為什麼在今天台灣有它的重要性？

林蒼生：事實上台灣很小，經濟力量不能跟別人比，我們的政治力量一定不能跟別人比，所以我們只是人家的棋子而已，為什麼要用我們的生命、經濟去跟人家爭呢，但是我們的文化是全世界第一的，要知道中華文化不是中國，中華文化從古到今所有的歷史都在台灣，你知道嗎，事實上我們台灣人到台灣來的時候經過一、兩千年，不是只有這一、兩百年，一、兩千年的意思是他從古代逃的時候，就已經帶了古代腦筋裡面的細胞、文化出來了，所以一直累積到台灣的時候，他腦筋裡面的世界跟我們表面上看的歷史文化是不一樣的。我另外還有一個奇形怪想，中國如果可以把每一個地方、省分，用這樣的角度來看出它文化根底的話，我們就可以知道那個地方的風俗民情為什麼會這樣子。台灣的風俗民情就積澱著中華文化最深的底子，台灣的素養代表我們最深的哲學，已經進到民間裡面的世界來了，這才是真正的文化，文化不是ㄅㄆㄇㄈ裡面的教科書而已，我們必須要了解台灣的文化素養是很深的，比日本還深，但是沒有人去把它挖掘出來。

李四端：我們現在知道文化在我們身上了，有這麼多文化寶藏，也看到台灣人的天性、個性，也研究了歷史的發展到這一步，你告訴我們怎麼把文化力量發揮成為我們的國力？

林蒼生：我很希望所有的朋友們都像我這樣子，有機會好好思考身心靈的世界。如果一個人只顧利害關係，你也要顧錢的正、跟錢的負，賺正能量的錢，永遠不賺負能量的錢，每一個台灣人都這樣子的時候，台灣慢慢地就不一樣。不是只有口號，而是你要再修正自己思想的來源：你要思考為什麼要賺這個錢、你要思考為什麼要成立這個公司、你要思考為什麼要這麼做，好好思考你的理念是不是符合，一個人沒有理念他是行屍走肉，一個人一定要有他的理念，每個人理念不一樣沒有關係，但是你永遠往理念的方向走，你一定會成功。

李四端：如果每個人都能推己及人，其實也就是力量的源頭開始了。

林蒼生：對啊，推己及人是很好的一個名詞。

李四端：從這本書上我們可以看到你的「隨便想想」，其實這個想想就是從你的個人自己做起，企業家就從企業家你自己做起，然後你就可以影響到整個的大我。

林蒼生：「隨便想想」不是只有隨便而已，隨便的背後有一個不隨便的原理存在。

李四端：如果說我正心誠意的做一件事情，譬如說我去賺錢或者生產什麼東西，我的善念的確會把我的產品帶來改變。

林蒼生：不只這樣子，你的產品本身就會講話。它是來自於那一個人的心念，心念非常地重要，日本古代的時候還保存了這種心念，到明治以後經濟發展，它變成西方文化的世界時就沒有什麼心念了，所以會產生那麼多的悲劇，戰爭野心非常大，占了一個東北不夠還要占領整個中國，事實上日本今天的問題還是在這裡，它往西方世界的利害關係裡面在做。如果我們東方人可以好好思考一下，本來的生命來源，我們就比較不會這樣子做。我一直在想為什麼宇宙會平平安安的，安安靜靜的在轉呢？土星木星永遠不會碰到，為什麼永遠那麼平衡呢？它背後一定有一個大生命，所以我一直在寫我們的小生命跟這個大生命要合在一起的時候，我們就心裡面很心安理得。

李四端：如果我們真的相信自己的心靈跟念頭是可以有力量的，而且你的作為會影響到周圍的大生命，那這套想法和作為能不能適用在未來的兩岸關係呢？

林蒼生：當然可以啊，但是講的話就變成扯到政治去了，我就不想多講。例如說我用很多的心力在幫香港朋友做一個愛心獎，台灣也找出一個知名人士來做台灣的代表，大陸

「我們必須要跟自己獨處的時間，所以我主張喝咖啡，
一個人面對著自己，好好思考自己的事情。」

也找到一個知名人士做大陸的代表，我很希望愛心可以變成一個橋梁、一個平台。愛心沒有錯吧，全世界都要有愛心，東方也要西方也要，我們應該要擴大愛心的力量，所以我文章裡面寫到我們怎麼樣變成一個愛心大國，每一個人都有愛心的行為出現時，我們還怕台灣會沉沒嗎，不必吧！事實上真的心靈的世界已經到了，十九世紀是冰塊跟冰塊、國家跟國家碰在一起就是打仗，二十世紀就變成為一體的世界，經濟的融合，二十一世紀已經不一樣了，它變成能量的世界。

李四端：總裁你是成大學電機工程的，但是你在大學的時候自己成立了文學社團。你在企業相當有成就，可如今你談到很多是心靈，科學結合了哲學，你這一生為什麼會如此的融合性這麼強，你到底把自己視為一個科學人，還是企業人？

林蒼生：都沒有，我很感謝我父親，當初我要出來辦《草原》雜誌，那時候我才小毛頭，把爸爸的二十萬塊錢一下子就全部花光了。黃春明說：林蒼生你要知道二十萬塊錢那時候可以買三棟房子。《草原》只辦了三期，我沒有想到花費那麼大，要稿費什麼費都要，所以一下子辦完了，辦完以後我爸爸從來沒有講一句話，他只說你要不要到統一去，因為那時候吳修齊先生開創了統一企業，他跟他們是好朋友，我把錢花那麼多不好意思再爭啊，所以我一話不講就進去了，進去以後碰到高先生（高清愿）。他是我們的主管，我這個人很喜歡亂出主意，我建議他做統一的社會基金會，他馬上就答應了，所以我們社會福利慈善基金會很早就有了。他馬上答應了，我就沒有辦法出國去了，我同學都去美國讀書，只有我一個人出不去了，所以我就變成為人家的苦勞仔慢慢學，在統一裡面學了很多東西，從技術人員做麵粉廠的廠長，然後再做到業務，從業務裡面學人跟人的接觸，才慢慢學了人怎麼樣能夠心靈的交通。

李四端：你為什麼走出那麼大的企業，然後如今你又會反思利益這個問題呢？

林蒼生：這是環境使然，事實上我統一退休以後，就不可以再做統一任何相同的事情了。

李四端：我是說利益這個事情對企業來講，應該是對所有股東最大的一個責任，你必須有營利才能夠發展這個事業。但是利益在你身上，你卻反思它的來路要正，它的心道要正、手段要正，原因是你看到很多企業走了不正當的路嗎？

林蒼生：當然，我就不講哪一個企業，但是所有你看到在走下坡的，我現在很傷心的地方是，台灣人不懂得怎麼樣傳承，父親跟兒子合不來的太多了。所以在我的範圍裡面，我一直在做如何傳承的事情。我比較主張隔代傳承，隔代的意思是像日本的Panasonic（國際牌），從松下幸之助的時候他沒有交給他兒子，他交給他的左右手，然後他左右手再交給他兒子，你要知道兒子跟父親差二十幾歲，父親的朋友都是兒子的長輩，他怎麼能夠共同做事業呢？但是中間有一個人隔代他只差十歲，只差十歲的時候還可以接應，這個東西是從三井來的，三井三百年前就已經有這樣子一個系統，他完全不給他兒子權力，而給他家庭企業的股票，你拿了家庭企業股票以後去賣錢，變成為你要去投資哪裡是你自己的決定。

李四端：你那時候因為認識高先生，然後成立基金會，你答應了也接受任務，所以後來你沒有出國，但大部分你工科同學都是要去美國的，人要不要接受自己的命運還是要跟命運搏鬥？

林蒼生：不是搏鬥不搏鬥，你選擇對的就是對的。因為我從來沒有出去到美國，我從來沒有矛盾，你選了就對了，所以你幹嘛想那麼多呢。我要建議各位朋友們一件事情很重要就是，每天要留一點自己的時間，所以我主張喝咖啡，一個人面對著自己，好好思考自己的事情，我們必須要跟自己獨處的時間，不一定要喝咖啡，喝白開水也可以，但是一定要安靜下來，好好的面對自己，一天至少半個鐘頭一個鐘頭，你回去試試看。

李四端：總裁，你教我們從平靜開始，最後更告訴我們平靜是一種力量。

林蒼生：而且是很大的力量。

李四端：很大的力量，最後就會給你自信。

林蒼生：沒錯，那個自信是很大的信心，就會變成為一個理念的來源了。

（二〇二二年八月）

線上觀賞

SCAN ME

曾博恩：別忘了我是領頭羊，喜劇可以改變世界

·端哥開場

「我做單口喜劇諷刺時事，就是要打擊在上位的人。如果有人叫我在內容上做調整，在尺度上做修改，我會叫他去吃石頭。去吃石頭！」台灣單口喜劇表演的領頭羊曾博恩，他想用喜劇手法點出社會問題，進一步用喜劇去改變社會，博恩狡黠地笑說：「我個人的風格是喜歡引起爭端！」他深知，時事議題才會引發注意和觀眾的興趣。

如果有政府官員或選舉參選人想上博恩的節目成為YouTuber，博恩大剌剌笑說：「如果不適合，還是不要勉強！」他想把台灣的喜劇市場做大，未來要做喜劇選秀節目，培養台灣喜劇人才，還想辦台灣的喜劇節，吸引全世界的喜劇演員來台。

博恩只想做自己，維持創作的主導性。面對質疑，他展現意見領袖的霸氣說：「你看了不爽，你就別看哪。」博恩懂得市場切割，網路世代當然希望把市場做大，但他也懂得只能盡力卻毋須面面俱到，博恩的單口喜劇不會也不必討好每個人。

李四端：歡迎博恩來到我們的節目，今天我們要做「博恩時堂秀」，當前的社會環境大家想談什麼我們來談，所以今天並不是一個很嚴肅的個人專訪。我們就聊點現在大家熱門的話題：裴洛西（時任美國眾議院議長）來訪，是福或是禍，這個大家都在討論的問題，也有人說以台灣人靈巧的智慧，對於這種局勢話題看得太多，所以我們是鎮靜不亂，你怎麼看？

曾博恩：端哥，確定這是輕鬆的話題？

李四端：我們輕鬆來看，從博恩的眼光來看現下的時局，每個人都可以發表一點自己意見。

曾博恩：我個人現在最想要知道的，就是裴洛西她的論文是不是自己寫的。

李四端：她有論文嗎？

曾博恩：沒有啦，我隨便亂講，我只是想說台灣人的口味好像喜歡追這樣的話題。

李四端：這是不是就是所謂喜劇演員要做的？

曾博恩：沒錯，四兩撥千斤。

李四端：四兩撥千斤，同時要把一個時事的話題帶進另外一個話題，你剛剛那個手法應該算什麼？我問的話題，可能會令喜歡聽的人或者不喜歡聽的人，會有不同回答，但你馬上引出另外一個也是很有意思的話題，而那個問題也是一個爭議點？

曾博恩：對。

李四端：那我再回過來問一句，你是雙碩士、雙學士，在英國跟法國都有。

曾博恩：論文都自己寫的。

李四端：我還沒問呢。你有碩士學位，寫過論文，所以你到底怎麼看論文這個事情？

曾博恩：大家不是說原始檔拿出來，因為我自己是都還有留著啦，包含書信往來的紀錄，要拿出證據實在是太簡單了，如果是你寫的話。

李四端：那我再問，論文的問題真的對於一個人的評價，兩者可以畫等號嗎？

曾博恩：我覺得在有些角色，他的道德指數需要比較高，政治人物尤其是嘛，因為他要出來管理眾人。這是個合理的打點，如果說不誠實的話，要怎麼去相信他在管理眾人或是運用資源上面也會誠實。

李四端：很好，至少我們知道博恩對他自己的論文絕對保證是誠實。

曾博恩：沒錯，我原始檔都拿得出來。

李四端：OK，你成功把我話題岔開了。

曾博恩：好啦，我覺得是這樣，大家昨天都在看共機開始在台海附近軍事演練。現在的情況有點像是溫水煮青蛙，就是單一事件並沒有那麼大的影響力，但它是總的來看，我其實也覺得說該發生的事情就是會發生，如果敢打他就敢打，如果不敢打他就不敢打，這件事情不會改變他原本的決定，只是會被拿來當藉口而已。大家海外置產多一點吧，趕快跑。

李四端：我聽了你的回答方式，比較像介於我是國民一份子、我也是個知識分子的一個回答，不像一個演員的回答。像裴洛西來訪引起台灣人的緊張，難得台灣真的登上了國際新聞版面，有人甚至認為這是時代的世紀大事，也許會成為你表演的一個題材？

曾博恩：有可能，光是昨天半夜來，到今天早上網路上的哏圖就已經很多了，然後一些像什麼九天玄女降落，因為她降落嘛，也有些人說好像颱風一樣，一下要來一下又不來的那種感覺，大家的創意會非常即時的全部湧現。我們的專場通常是一年一次，了不起半年一次，我們要在所有的切入點之外，找到一個特別的切入點，那麼它就會變成表演的一環。

李四端：你不會這麼普普通通的談這個時事，而是要找一個切入點？

曾博恩：要提出一個大家都沒有想過的切入點。

李四端：像這種事情來講，我們看到不同的頻道節目，有政治學家口沫橫飛地講，作為一個喜劇的表演者談政治上敏感的事情，所提供出一些輕鬆的敘述，你覺得究竟對社會產生什麼價值？

曾博恩：這是個非常好的問題，以前如果單看我們的觀眾給出來的回饋，它最表面的價值就是說，原本不關心這些事情的人因為進入門檻變得非常低，變得輕鬆了，所以他開始願意去了解。

但是真的能夠成為所謂的ＫＯＬ——這個詞現在已經失去了它的原意——「關鍵意見領袖」，要改變大家對一件事情的看法，我其實覺得效果還是滿低的。我常在講說，笑話背後都有個「前提」，前提就是你必須認同那件事情你才笑得出來，就好比我今天如果講一個自嘲的笑話，關於我的身高好了，我要打一個籃球賽，然後說我顯然是中鋒這種自嘲的笑話，你如果不知道我很矮，或是並不覺得人的高矮是一件值得笑的事情，你就不會對這種類型的笑話笑出來。

李四端：他就會意不過來。

曾博恩：對，其實所有的笑話都是在戳大家既有的認知，要去改變那個認知，而不會是發生在笑點的那一環。回到前頭我們閒聊的時候有講，John Oliver的節目（《Last Week Tonight》）他如何深入淺出在一個喜劇，一個片段裡面去講很深奥的東西，你仔細去觀察他要改變觀念的時候，他的步調是慢的，而且幾近不搞笑了。

李四端：今天請你來之前我就發誓，不讓我們陷入到這麼深的哲學辯論裡面。我把問題再重組一下，裴洛西這次來牽涉到兩岸以及國際政治，非常現實而且可能是一個殘酷的政治上對決，以台灣人來講，我們可能對自由民主無比驕傲，很多人會覺得說這是一個國家生存的嚴肅問題，你怎麼可能在笑料中把我談進去，你不是把事情庸俗化娛樂化嗎，你怎麼面對有人說你怎麼能把這種事當笑話講呢？

曾博恩：反正就是危及到我們的生存，你死的時候你要笑著死，還是你要這樣子憤怒的死。

李四端：這我也會有意見，你又觸動到另外一個事情，他就馬上說你的比喻不當。一定會有人這樣跟你講，所以說你到底怎麼拿捏，剛剛也講到你要找一個點進去，嚴肅的事情也可以當笑料來處理？

曾博恩：我覺得可以。有些人認為已經沒有辦法改變的事情，至少你可以換一個態度來面對。我覺得他們可能會生氣的原因，是因為他們覺得還有辦法改變吧，所以我們不應該這樣子輕浮。

李四端：還有沒有可能是他們覺得不能從你的嘴裡面講出來？

曾博恩：也有可能，這是所謂的角色。

李四端：你怎麼看你自己的角色，博恩很多人說你現在是，你自己也承認，不管講台式喜劇或單口喜劇這方面，你是一個領頭羊，而且你說你要用喜劇來改變社會，甚至有人說你要改變世界。

曾博恩：我講過嗎？

李四端：對，我要把這個帽子戴你頭上，不管怎麼說，你必須承認你儼然已經是一個意見領袖了。所以你怎麼看你的取材、你的說法，如果大家把你看得愈來愈嚴重，他們會不會把每件事你講的話都當成了一種延伸發展？

曾博恩：會啊，我覺得其實包含我現在在節目上的發言，是真的會有很深遠的影響。動不動就會有一個小辮子讓別人抓到，而且重點影響的也不是我，反正我之後想幹嘛基本上我還是那樣，我不會受到拘束。

李四端：你怕影響我們嗎？

曾博恩：不是，是其他的表演者他們會很緊張，就好像我說喜劇要帶有意義，他們就說怎麼辨我的喜劇沒有意義，我是不是要整個劃掉重寫？或是說你不可以碰觸某些議題好了，他們說那我是不是就不要。他們剛入門的會有這種緊張。我覺得正因為所謂領頭羊這種角色，更不能自我設防，因為現在做的每一個決定就是會影響到其他人。

李四端：回到我們開場談論台灣，未來會有很深遠的影響就是裴洛西來訪，對兩岸以及我們將來國家的情勢，我覺得一定會有一個發展。就這個題目，以你是一個年輕人會聽的發言者，你怎麼看這件事？

曾博恩：其實我的情緒反應好像跟其他的年輕人不太一樣。其他人就是一副欣喜若狂，這個講出去會出事，但是我覺得很小國心態，就是很鄉村，哇～誰來探訪我們好開心、我好重要這樣子；也有另外一端的人就是純粹的惡趣味，因為她來台會激怒對岸，所以我很開心。我看年輕人大部分都是這兩種情緒。

李四端：所以這整個事情可以說成一個滿好的題材。

曾博恩：可以。

李四端：你有沒有想到可能會讓一些年輕人跟隨你的想法，你到底是希望引導他們，還是害怕讓他們走進你的腦袋裡面？引起話題甚至帶來一些後續的影響而去改變它，你很樂於做這件事嗎？

曾博恩：到底要不要讓觀眾進入我的思維這件事，我還是有點恐懼的，你知道嗎，我不是什麼好人。如果大家思維變成跟我一樣的話，社會真的會動蕩不安。

李四端：我怎麼老是被你打岔，所以剛剛你承認了，有點擔心別人會聽你的話變成跟你的路走？

曾博恩：對，我發覺我這個人不擅長提出解決方案，但我很擅長發現問題。如果看我過往講的一大堆東西，包含什麼娛樂稅。

李四端：我看立法院裡面有委員質詢，而且財政部說他們在研究，要提出一個方案了。

曾博恩：這個很精彩，上個禮拜有個新聞就是財政部約了二十二個縣市的稅捐處開會，要不要廢除娛樂稅，因為十五年前立法院就說該廢。

李四端：這件事我了解的是：你做了一場演出其實是演講，但他覺得你太像娛樂，所以決定要附加百分之五娛樂稅給你，你立刻不平。結果現在財政部已經考慮要把娛樂稅整個取消？

曾博恩：我一開始的問題是，認定的那個項目，根本你判斷不出來啊。我講話稍微好笑一點點，演講裡面不是也會有一些笑話，一、二個笑話可以，為什麼八十個笑話不行？

李四端：有人演講一輩子也講不出一個笑話來。

曾博恩：有些人講喜劇講了一輩子，觀眾也笑不太出來，那為什麼還要被課稅，好無辜啊。

李四端：現在財政部有這個行動了，很可能就是因為你引發的。

曾博恩：就是我，大家要記住了就是我沒有別人，我就是這麼偉大。（笑）

李四端：以後叫博恩稅被取消了，所以看到這個發展，看到你能真正影響到一個政策乃至於未來國家的公眾生活，你心中什麼感覺？

曾博恩：其實還是滿爽的，我之前就有登過法學期刊的封面說「戲謔仿作」（指藉由變更他人著作的方式，來達到詼諧、諷刺或喜劇性效果）的事情，台灣沒有這方面的法規，因為我做這麼一件事情又惹火一堆人，他們就討論是不是戲謔仿作要有一個規範。我期待明年法學期刊上面會出現娛樂稅，然後又是我登上封面，我每一年要挑戰法學封面。

李四端：你每一年至少要掀起一項社會運動是不是？

曾博恩：我的目標是這樣。

李四端：所以喜劇真的能改變社會？

曾博恩：我而已啦，不要概括到所有的喜劇。我個人的風格是喜歡引起爭端。

李四端：現在娛樂稅有可望被你擊下，你下一個目標是什麼？

曾博恩：我可以講另外一個故事，跟食物名稱有關，也有改變一些法規，比目魚的啟示；大家確定知道比目魚是什麼嗎？有很多地方會把比目魚冠名叫做鱈魚，這是鱈魚飯或什麼的，鱈魚好像有分扁鱈跟圓鱈，我人生第一次吃到圓鱈的時候，怎麼會這麼好吃，這是什麼？這是圓鱈，跟我平常吃的鱈魚完全不一樣，後來才知道我平常吃的根本不是鱈魚，是比目魚。結果某一年法規就改了，說你不可以再叫比目魚為鱈魚，才開始出現大量的比目魚。我現在爭論這個食物名稱，其實就跟我過往一直跟大家講，不要叫這個「脫口秀」，應該叫「單口喜劇」，因為Talk Show跟Stand-up是兩個東西。你吃了一輩子然後說這個好難吃，我並不喜歡這個魚，結果你發現你從頭到尾誤會它，只是因為有人喜歡這樣子把名字混用，所以我現在堅持名字的正名。

李四端：在我們社會上太多事情是魚目混珠，所以你就要打擊魚目混珠的事情包括娛樂稅，你覺得是我們社會有什麼問題嗎，為什麼你看到的問題別人沒有看到？

曾博恩：我也不知道，好像其他人沒有那麼斤斤計較。

李四端：注重細節，其實是你很多話題思考的一個特色。

曾博恩：我覺得喜劇演員注重細節是一個非常關鍵的能力，因為你要在平常裡面找到不平常，你才有辦法說出跟一般人講的東西不一樣的道理。

李四端：也就是說你自己的觀察力很強。

曾博恩：我強得不得了，舉世無雙台灣第一，我是領頭羊呵。

李四端：我沒有說到那個地步，我只說你怪異一點而已。其實博恩，我有幸跟你認識四年多，四年來你的變化相當大，現在已經是領頭羊了，雖然你跟羊一點都沒有關係，看起來也比羊可愛多了。四年前我們討論過，你當時說台灣人比較沒有說笑話的這個成分，而且不太懂得反話，幽默感不足，四年後你的評斷還是一樣嗎？

曾博恩：我先為四年多前的自己道歉，沒有啦，真的那個時候不知道自己講話的後續影響力，就隨便亂講。

李四端：所以那時候訪問你根本唬弄我啊。

曾博恩：也沒有，但現在就會選擇比較保守的去敘述同一個情況，然後換一種形容方式。我現在就會說，我們台灣人比較老實啦。

李四端：你這個形容更糟，你還是換回你原來的形容好了。

「喜劇的存在，
它可以是改變生活、改變世界的一個選項。」

曾博恩：其實應該有諸多證據滿容易推翻我這個講法的，因為後來就有人講說，「啊你不就好棒棒」——就是一個很明顯的反諷，他不認同我講話。

李四端：還是回到我原來那個最樸實的問題，台灣的觀眾還是不具備說笑的本領嗎？

曾博恩：我覺得具備，只是過往比較多是不熟悉表演形式，還有文化裡面比較沒有什麼插科打諢，就是我們日常對話，真的很老實在回答別人正確的答案。很熟的朋友之間才可能會第一個先講不對的答案，然後通常就問說「真的假的」，「騙你的啦」這樣子，所以那個東西是在的，只是我過往會認為說，因為我前幾年在歐洲，他們真的是給陌生人的第一個回答都是給你假的，然後才講真的回答，所以那個時候文化反衝擊。

李四端：四年前你的頭銜還沒有董事長，現在你是薩泰爾娛樂公司的董事長。這是你想要做華人世界最具影響力的一個喜劇公司，你希望它未來會多有影響力？

曾博恩：這有點半開玩笑半認真，我滿想要文化反殖民。台灣很多人在YouTube上面都在看笑果文化（上海傳媒公司）出的東西，《脫口秀大會》、《吐槽大會》，對我們的一些留言會說：我看這個不如去看對岸的，我認為這個就是我們在被文化侵略，我們應該要做到的是端出去的作品，品質好到可以文化反侵略。因為我其實也有接收到一些留言，是他翻牆特別過來看的，我們講的一些東西是牆內沒有辦法聽見，那個是Guilty Pleasure，他們可以默默地喜歡，沒有人敢講出來，但他默默地翻牆出來，我希望這種現象愈來愈濃烈。

李四端：你害怕談紅色這個所謂兩岸之間的敏感性話題？

曾博恩：我好像從來沒有害怕吧，滿常談。但是我覺得方向有點不太一樣，現在藝人有些是拚命的想要進到中國，可是我是拚命的想要把他們的人吸出來，就不管是表演者或是民眾。

李四端：這是很大的差別。

曾博恩：你如果喜歡這樣的東西，你認同卻沒有辦法改變現狀的話，那你就過來啊。

李四端：以我們現在看到的兩岸情況，你對那邊的民主自由發展不是那麼樂觀啊？

曾博恩：對啊，尤其是新冠肺炎之後，他們又封城封成這個樣子。

李四端：那你怎麼透過你的演出或者一些哏裡面，去帶給他們希望呢？

曾博恩：我看到的唯一破口，也是跟我們中期發展可能有關，就是比較好敲開的一個磚是他們的外僑，在美國或其他國家的中國人，因為他們在那些國家裡面可以表達自己的想法，透過這樣子去累積可能最膚淺的就是知名度，知名度起來之後，會被改變想法的人可能就會愈來愈多。我的意思是說，接下來我們是滿想要在疫情結束之後去美東、美西、東南亞各種巡迴。先做中國以外的華人市場，這個東西起來之後，說不定可以撼動一些什麼吧。

李四端：四年多以前你還沒有當爸爸，現在是爸爸的身分了，講講你的心得吧？

曾博恩：其實當初沒有想要生，不是在計畫中，現在就有點矛盾。我知道我非常愛我的小孩，但我也知道我非常愛以前的生活。會有很多因為身體疲累造成生氣的情緒，可是看到小孩真的沒有辦法對他生氣，就開始對其他人、鍋碗瓢盆生氣。

李四端：他哭鬧的時候是誰來哄他？

曾博恩：哇講出去我老婆一定很生氣，但幾乎都是我。

李四端：他的哭鬧聲，有沒有給你帶來一些靈感？

曾博恩：哭鬧聲沒有，但是他帶來一些憤怒的情緒。

李四端：憤怒是創作的源泉。

曾博恩：真的，憤怒可以轉化成笑料。

李四端：你有公司現在幫你做集體的創作？

曾博恩：節目的東西會有編劇，就是內容組。現在有四位，他們是寫節目的，不會幫我寫我個人的。

李四端：怎麼考核他們？

曾博恩：去年在本公司裡面建立了一個相當客觀的制度。

李四端：你看，官僚的臉孔出來了，博恩在四年前沒有官僚臉孔，現在有了~董事長。

曾博恩：我很認真耶，這是官僚嗎（笑），我們在去年裡就想說各個部門都要有績效考核，而寫手的是最客觀的，我們有一個Excel表，每個人是一個分頁，你可以看到每一行就是大家寫出來的一條一條的笑話，然後會根據當時錄影觀眾的反應：有沒有笑聲、有沒有掌聲、有沒有掌聲加尖叫，分為等第就是S、A、B、C，然後給每一條笑話一個等第，會換算成一個積分，等到每季或半年我們會把它加起來，看你有沒有達到預期的分數，非常客觀。

李四端：最後一名會得到什麼結果？

曾博恩：其實也沒有，它的績效考核就會顯示不好的等第。

李四端：但是那個人的自信心會受到打擊。

曾博恩：他要加油啦。

李四端：一個喜劇公司，到底應該需要怎麼樣的人才，你的人才好挑嗎？像這種考核方式其實有時候不盡公平，因為表演者是你的話，他只能說最後癥結在於博恩嗎？

曾博恩：沒錯，有時候就是表演者會把好笑話給毀掉。

李四端：對啊，而且每次都搞砸，那我怎麼辦？

曾博恩：沒辦法，就是摸摸鼻子。

李四端：所以喜劇人才的挑選跟培訓很難。

曾博恩：非常困難，我搞到現在還沒有真的知道要怎麼培訓出一個人。我做了很多小事情想要鋪陳喜劇演員成長的Roadmap，就好比說我有一個酒吧，裡面大家都在講喜劇，酒吧一個月會有一次的表演，然後有很多欄位，就是有五分鐘的表演欄位、八分鐘的表演欄位，十五分鐘跟三十分鐘。之前就想要建立一個文化是，你如果是新來的從來沒有講過，你的目標就是要在這個表演裡面得到五分鐘，你得到五分鐘之後你的目標就是要一直努力往上爬，爬到你可以當最後的扛霸子講三十分鐘。可是我也聽說有些人講完三十分鐘的欄位之後，他又突然不知道下一個階段該努力的目標是什麼，所以其實我們薩泰爾未來也想要做一個選秀節目，因為選秀節目基本上就是再下一步的Roadmap，你如果可以通過層層考驗成為第一名的話。

李四端：你終於踏出來了，要培養台灣的喜劇人才，你願意為社會做一點貢獻了。

曾博恩：我很努力，別忘了，我是領頭羊。

李四端：我覺得這是滿好的，換言之喜劇培養的成功術或者喜劇培養的課程，或有人出很多講話藝術的書，將來博恩的講話其實就可以成為一個很好的教材。

今天請你來最重要一點，怎麼讓我們台灣社會輕鬆一點？顯然選舉季節又到了，一定有政治人物會找上你吧？

曾博恩：現在是煩死人了。

李四端：已經開始了，你這回準備怎麼陪伴他們？

曾博恩：不會，一個都不要。政治很髒很臭，我可以談論，但是我不接觸他們。過往在做《博恩夜夜秀》的時候，我都一直自比為《悲慘世界》裡面的芳婷，芳婷她為了小孩要出去賣淫，我覺得我就是芳婷，因為我要養公司，然後就做了一個節目，所有政治人物想要上就可以上，他們就是把錢丟在我臉上然後隨便亂上。選舉結束呢，他們沒有興致了，他們開始互鬥，我成為了他們檯面下政治互鬥的工具，所以後來有爆出來一些事。結果現在選舉年又來了，帶著他們硬挺挺的心情，又跑來說你有沒有要做節目，我可以付錢、我可以上嗎這樣子，我就會覺得不想碰。

李四端：可是你不能否認有些政治人物透過你，也暴露他們自己原來不想暴露的一面。他們也有適得其反的例子，你難道不期待他們來上面把自己捉弄一下？

曾博恩：我們以前的立場就是這樣，非常地中立，我們讓你呈現你最真實的樣子。

李四端：所以你怎麼樣去善用你的影響力？

曾博恩：我還是可以談論一些政策、立場之類的東西。只是當你跟另外一個人同台的時候，他們就會覺得你幫別人抬轎。

李四端：你覺得你對政治上的影響力還是要去經營？對於一個表演者來講這是個誘惑吧。

曾博恩：其實還好，在我對自己的人生規劃Roadmap，想要愈來愈減少這一塊。

李四端：你的人生規劃Roadmap就是未來運用你自己的長才給華人世界帶來什麼，就只是一個精神上的放鬆，言語上的揮發、開放，還是真的要促進兩岸和諧文化共榮，你的目的到底是什麼？認真的講，不要開玩笑講好不好。（笑）

曾博恩：我非常認真，從頭到尾剛剛很多東西都非常認真耶。我想要建立一整個生態圈，一個文化的架構，剛剛講的最小型的酒吧演出，有一個架構在，然後當它到了喜劇選秀，有一個架構在，等你得到了冠軍之後，你接著要怎麼發展，我相信得到冠軍的人他又不知所措，所以其實我也想要做再上一個層級的頂尖的人，我覺得喜劇也要有一個金字塔頂端的節目或是表演，讓那些經過選秀出來得到名聲的人可以有再努力的目標。在這個之外，還想要辦台灣的喜劇節，不管是蒙特婁、墨爾本各種地方，亞洲也都有，以前上海、曼谷都有他們自己的喜劇節，世界各地的人會飛過來一起比賽，可能一週或一個月之內，整個城市充滿了喜劇大大小小不同類型的表演，我很想要看到台灣有一個這樣子的活動，所以會往那個目標去邁進。今天講的很多改變世界什麼的，其實我覺得沒有那麼偉大，只是提供另外一個選項而已。現在時代滿分眾的，如果大家看了我們的東西很不適應的話，沒關係，可能有別的東西可以討好你；但如果你看了喜歡的話，就知道這個選項存在，也可以認同這樣子的價值觀、生活方式，可以稍微輕鬆一點，就是讓大家知道有這個選項的存在。

（二〇二二年八月）

線上觀賞

SCAN ME

陳亞蘭：看歌仔戲的孩子不會變壞

·端哥開場

陳亞蘭是歌仔戲天王級的最帥小生！她在《嘉慶君遊台灣》一劇中，以反串的女性身分，史無前例的奪下金鐘獎最佳男主角獎，創下女性封「視帝」的新紀錄！回顧伴隨她一生的歌仔戲，陳亞蘭感性地說：「是恩師楊麗花讓我領悟到歌仔戲的美，恩師反串小生散發出來的氣質，不慍不火、恰到好處。讓我體會到，以前我只是在演戲，看到楊麗花的演出，才讓我領悟到表演是一門藝術，才開始真正認真的學習歌仔戲。」

女性詮釋男性的角色被肯定，這讓陳亞蘭更堅定歌仔戲必須傳承下去，她說：「從歌仔戲的忠孝節義裡會學到做人的道理，學到尊師重道。人家說：『看歌仔戲的孩子不會變壞！』歌仔戲不只是我出生的根，跟隨在恩師楊麗花身邊，我更希望歌仔戲的教化意義能夠發揚光大。」

不過，陳亞蘭也知道影劇市場的現實與殘酷，所以她說：「歡喜做，甘願受。」歌仔戲能走多遠就陪它走多遠，陳亞蘭要為一個價值、一種文化和一種生活方式繼續奉獻。

李四端：人家說電視裡面最吃香的就是俊男美女，今天我們請來的來賓兩者她都具備了——陳亞蘭小姐。

先介紹我們的菜好了，因為怕它冷了。第一道清炒中卷，這個中卷是來自於澎湖。澎湖是你的家鄉對不對？

陳亞蘭：我澎湖人。

李四端：這個鵝肉冬粉，對你的意義更特別了吧。

陳亞蘭：對，一開始就要講這個？衛生紙請幫我準備好。（笑）沒有啦，我是怕吃了流口水，謝謝。

冬粉啊，這要講到我的父親。我出生在一個歌仔戲世家，父親就是做內台戲的一個「寶銀社少女歌劇團」。他是憲兵出身，都用軍令式的教育方式，團裡全部都是十八歲的演藝人員，所以叫做少女歌劇團，他對每一個人都非常嚴格要求。我記得聽媽媽在講，因為他們以前內台就是在類似像電影院裡面演戲，文生跟武生有差別，文生搖著扇子的時候，你要這樣輕輕地，然後身體要有互動，可是天氣太熱了，那個文生真的是受不了（扇子亂搖）。

李四端：沒辦法那麼優雅。

陳亞蘭：下來就被我爸爸臭罵了一頓，「你在演什麼，你是演文生，你當作你在演採花」，採花就是紈褲子弟，紈褲子弟才會那種樣子。所以我爸爸是非常非常要求所有的演員在舞台上的表現，因為內台是賣票的，不能對不起觀眾，而且你每一個行當都要很精準到位，從你的身世背景到你的舉手投足。

電影興盛之後，我們全家就到外台來演戲，叫做「藝月園歌劇團」。有一句俚俗語「父母無聲勢，生子來做戲」，我從小就會覺得我家庭好像跟人家比不上，讀書的時候都不敢帶同學到家裡來。

李四端：到你家可以看到很多史代的故事。

陳亞蘭：對，我家都是布景，就覺得好像讓人家看不起。就是說比不上人家，然後我就不喜歡歌仔戲。可是後來到了楊麗花歌仔戲團，我的恩師楊阿姨那邊，開始小有知名度，有次當我從台北回來，很晚了就他一個人，然後他就問我說「餓嗎？」因為以前父親不會這樣跟我說話，都是媽媽嘛，他說餓嗎，我說有一點。就覺得好像自己上了電視，有點可以光宗耀祖了，就敢跟他有一點撒嬌，不然我們真的可以離他多遠是多遠。他當然講台語，「你想吃什麼」，「我要吃外面的鵝肉冬粉」，那時候我不知道他已經生病了，不知道他有胃癌，其實是不適合吃這些食物，但他陪著我坐下來。就我們父女兩個人，他就陪著我把食物給吃完，那時候我就覺得好像跟爸爸好親近。

李四端：他走到這一步多不容易！

陳亞蘭：對，以前覺得父親只能遠觀，從來沒有想到他可以跟我這麼接近，可以感受到他對我的感情。很開心地把那碗冬粉吃完之後再回到台北，就演一部我自己主演的戲叫做《新西廂記》，以前也是楊阿姨演過的，在那過程當中，我母親知道不能再瞞我了，因為她不想讓我有後顧之憂，她覺得你去到台北就是當人家的學生，你不能有任何的要求，所以我爸生病很久，她都沒有告訴我。我唯一有一次回去醫院陪他，他原本是一個很愛打扮的人，那時候看到他躺在病床上，我也不敢哭，就一直看著他，然後晚上打地鋪在他的病床旁邊陪著他，可是隔天又有通告，我的母親就一直趕我回去，父親也叫我說你不能延遲，就唯一最後一次，那個時候陪他，接下來就是回來送他離開了。

李四端：這碗鵝肉冬粉，其實是父親表示出他對你的愛，還有更重要的一點，應該是他對你那時候的努力，他給你一個肯定。

陳亞蘭：他從來不會把愛說出口的。他曾經在過年的時候發脾氣，我們一桌團圓在吃飯，他可以把飯桌一掀，我看到米粉是直接黏在天花板上面的，團圓飯耶，所以我們對他都敬而遠之，都覺得說我如果做錯了什麼，可能會被處罰，從來沒有跟他親近過。所以那天跟他吃這一碗鵝肉冬粉的時候，是我記憶最深刻，跟他靠得最近，可以感覺到彼此的溫暖，那是唯一一次。

李四端：他要帶領的團，都是年輕人，他必須靠紀律啊，他必須靠自己把自己武裝起來，即使是對你。所以你小時候的成長應該紀律很嚴格？

陳亞蘭：其實我還沒有上學前是跟著父母親的，那時候還小。開始上課的時候，父母親他們就要工作了，我們就是野孩子，父母親都不在，尤其爸爸不在，但是鄉下小孩也不會野到哪裡去，就是說自由放風了，只有我跟我哥哥，哥哥個性又比較溫和，所以幾乎是我在照顧哥哥，就是我會比較堅強一點。但是一直到了我願意負擔家計，進入我們自己的歌劇團的時候，我那時候已經當小生了。

李四端：那是你國中畢業的時候了？

陳亞蘭：國中畢業之後，我跑了半年龍套。後來看父母親很辛苦經營劇團，我自己主動要求說我想學習歌仔戲，然後從早上四、五點就開始，把以前沒有練過的功全部開始重練，跑圓場、蹲馬步，刀槍劍戟什麼都練，練到有一個程度，大概是十八歲的時候，我們劇團小生想要調高價錢，那時候因為我年輕嘛就是記憶力好聰明嘛，我都在旁邊看其實都看懂了，再加上把那些功夫都學會了之後，所以我就上場演出。可是演出的時候真的太累了，當時劇團就有找人家來按摩，因為我常綁盔甲綁得緊緊的，我想我應該也可以按一下吧？我說，「師傅可不可以，我肩膀這邊好痠按一下」，我父親一看說，「女孩子千金貴體，你怎麼可以讓男生摸」，不就是按一下肩膀？

李四端：他覺得絕對不能。

陳亞蘭：不行，所以他很嚴格。

李四端：從小時候他就在幫你做準備了：嚴格的自我要求，團體紀律，重視自己，絕不能夠輕易的看輕自己。

陳亞蘭：對，而且要做就要做到最好，做對得起自己，然後對得起觀眾。

李四端：可是你那時候國中之前，你不是說不喜歡歌仔戲？最後是誰說服你承接家庭這個工作呢？

陳亞蘭：讀到國中時，那年代就是我哥哥可以升學，但是女孩子以後要嫁人、不用讀那麼多書，我那時候想要去學美容，因為我舅媽在美容，想要去報名，結果那一天美容補習班剛好沒有開，沒辦法就回家。因為我爸爸喜歡住廟邊，你知道廟邊是很龍蛇混雜的地方，我父親覺得想想也不對啊，哥哥去上學，然後夫妻倆去經營劇團都在外地，一個女孩子下班之後呢，回到家裡來沒有半個人，又在廟邊，所以他覺得不放心，就把我帶在身邊。那我爸開口了，我能講什麼，對不對。

李四端：當時你覺得自己有沒有這個條件？

陳亞蘭：我沒有想過自己想要演。所以我媽媽跟我說之後，我說好，但是我告訴你，我是不唱的，我就是跟著你們嘛，缺什麼我就上去，一開始就跑龍套：人家說「帶刀」我就帶刀，「帶槍」我就帶槍，然後就跟著大家跑圓場、打打殺殺。當龍套很簡單，但還是要有基本的功夫。如果沒有龍套的角色，我就蹲在旁邊看戲，反正死都不上場，除了龍套以外。

李四端：你什麼時候第一次發覺你演出有人鼓掌？

陳亞蘭：應該是開始演小生吧，就是我爸爸的劇團，南部有很多粉絲很喜歡小生的，歌仔戲最吃香的就是小生，所以就有貼紅紙。其實我也沒演得比別人好，只是年輕、學習力強、認真，因為不認真下來會被打。

李四端：你太客氣了，我覺得一定是你某種的風韻，包括身型，或者你的種種造型、功夫，把你在小生這個工作上發揮得如此之好，你一定有些天生的本質在那時候突然綻發出來。

陳亞蘭：我覺得我真正看到、學習到歌仔戲的訣竅是到楊麗花歌仔戲。在我父親的劇團，我可以用比較簡單的方式，就是幫忙家計、養家餬口，那就是一個工作，怎麼演就是反正帥帥的，大家貼紅紙，我就覺得自己好像還可以喔。其實真正領悟到歌仔戲的美，是從楊麗花身上領悟到的。

我當初到台北的時候，就住在她的家，舉目無親嘛，我覺得她是一個很大器的人，她也不會覺得說這個鄉下女孩子來，住在她家會不會偷拐搶騙，她都沒有那種防人之心，就直接安排一個房間給我住，我就進出跟著她。該演的就照劇本演，該講話就講話、該殺就殺、該文就文，可是永遠在皮毛而已。

有一天看到她演戲，我突然間傻了，怎麼有人可以把男生演得這麼好。她的妝容就不用講了，從她的眼神散發出那個角色的氣質，以及跟女主角CP的那種調情，她是不慍不火、恰到好處。我那時候才領悟到「藝術」，以前都是在演戲，現在看到她才知道這是一門藝術，我應該要好好的學習，那時候才開始想要學歌仔戲。

李四端：大家都知道你是楊團長的傳人，而且我可以看得出在任何的表演裡面，你是非常出眾的，無論旁邊是什麼人，大家眼光一定不會錯過你。團長有沒有跟你說過，她當初是看中了你什麼？她是不是真的看到了你未來的潛力？

陳亞蘭：她看到我「認真」。因為我住在她家，電視開始播出的時候，她就說，「來來來，你來坐在我旁邊，我們看你演得怎麼樣」，然後看到我出場，我視線就一直往椅子下滑。她說，「坐好，你要敢看你自己，人家才會看你，你要看你怎麼演，演得不好你怎麼改進。」

李四端：很有道理啊。

陳亞蘭：對，她不只教你演藝，她教你做人的道理、待人處事什麼都教，甚至是畫眉毛。我們小生的眉毛不是這樣，一定要畫得很英氣，因為畢竟我們是女生嘛，所以跟男生的長相不一樣，所以我們從頭到腳都必須要男性化，包括那一雙劍眉。她就告訴我說，「你那個眉毛別畫得像菜刀，你要活，要一根一根很像那種真正的男人的眉毛」，她就幫我畫一邊，我就回去房間畫另外一邊，然後畫好以後我覺得滿像了，就去給她看。她說「不行，你這邊如何如何」，我說「你等我一下」，就這樣來來回回大概十幾次，最後她說「好了你別再畫了，你再繼續畫下去，皮都破了」。後來她有提起說，她就是看到我的認真。

李四端：你跟她之間有沒有什麼地方相像的？

陳亞蘭：沒有啊，她都說我比她聰明，哈哈。

李四端：我相信她在你身上看到一些她自己，所以才這樣信任你，培養你。

陳亞蘭：其實我常常說她如父、如母、如姊、如友。如父的地方呢就是像我爸爸，我做再怎麼好，她都不會當面誇獎你。所以我曾經被她打擊到，我都快懷疑自己的人生了，我這麼用心的在做事情，而且我都覺得我做什麼事都必須要對得起自己、對得起觀眾，然後後面有一雙眼睛一直在盯著我。

李四端：因為她要你更高的標準。

陳亞蘭：對，我已經知道了，可是你也要鼓勵啊，你也要說「不錯喔~你這個如果怎樣怎樣會更好。」她不會這樣講，她從來不會誇我，只會點醒我。但是她曾經說過一句話，「你的好我就不用說了，我留時間說你的不好，讓你去改進」，所以她跟我父親非常像。

可是她又如媽媽一樣的照顧我，衣、食、住、行，每次到現場她一定帶二、三人份的便當，她都會自己帶便當，因為拍戲的便當吃久了會膩，她會自己帶一塊鹹魚，如果有我們在，她就會帶三塊，一塊給我，一塊給紀麗如，一塊她自己。然後今天我跟她報告說我要來上你的節目，她說「講話要有水準喔」，就是她處處都管。

李四端：今天我們請你來，其實也是預先要幫你祝賀，祝賀在五十七屆金鐘獎，這次史無前例在戲劇節目男主角裡面出現了一個——

陳亞蘭：女生，女演員。

李四端：這一點，楊老師應該是非常非常地稱讚你了吧，總算她有一句肯定的話了吧？

陳亞蘭：我聽到消息的時候，第一個打電話跟她說，我說我入圍最佳男主角。她沒有說「怎麼這麼厲害」，沒有，她說「早就應該這麼做了」。

李四端：早就應該是了。

陳亞蘭：對，時代在進步，大家一定要進步。我們這麼努力在詮釋男生，你知道我二十一歲進去的時候，她告訴我第一句話說，你演小生想要成熟要到四十歲。我還要經過十九年？如果想要一炮而紅的人才不願意學這個行當呢，就因為我們是女性角色要去詮釋男性。

李四端：這次你入圍戲劇節目男主角，其實這不是你第一次以反串的角色來報名，但卻是第一次入圍，而且各方都預祝你最後脫穎而出，對你的意義是什麼？

陳亞蘭：對我的意義就是一個演員受到肯定。我們從小的學習，女性角色詮釋男性終於被看見了。但是對歌仔戲來講，我覺得是歌仔戲這三個字，透過入圍讓更多人看見了，讓以前沒有接觸過歌仔戲的人，聽聞陳亞蘭會以歌仔戲入圍男主角，他肯定會翻以前的資料，他就會去看歌仔戲。其實我們歌仔戲做得很好、很精緻，歌仔戲的「飯」跟歌仔戲是會黏人的，只要他一入坑絕對爬不出來，因為太多人不知道歌仔戲，尤其現在年輕人。

第三個意義，我是希望「我可以」，而且用一個大家都覺得不可能的事情，一個女性去入圍男主角，這是不可能的，你看從凌波到現在沒有人（評審）敢這麼下決定，所以我很希望藉著這個機會告訴大家：我們只要努力做，做的事情是正向的，無論你做什麼事情總有一天一定可以，你一定會成功。

李四端：這一次作品《嘉慶君遊台灣》是你製作的，可以說你自己完全打造整個過程。你是更情願以製作人的角色入圍？或者說如果今天你演出其他的劇最後以女主角入圍，大概都沒有這個入圍高興對不對？

陳亞蘭：應該是！當然我也希望這一齣劇，因為我們這一次是年輕的團隊，編劇也跟現在的世代非常接地氣，你知道歌仔戲編劇不好找，它不是寫連續劇，它必須要有文學底子，必須四句成詩，這個是很難的事情，然後加上我們大家的用心，加上一些傳承的團員，劇本包裝演員，然後再用其他行銷方式去包裝這齣戲。我很希望這齣好戲，尤其我的重點不是在嘉慶君，我的重點是「遊台灣」，我是要讓大家看到台灣的美好，所以希望這齣戲被看見的成分，我會期待再高一點。

李四端：你明明是一個很漂亮的女性，怎麼去抓男性角色，練出男性的味道？

陳亞蘭：以前的年代，我們演員很少跟觀眾接觸的時候，我第一次出唱片去電台宣傳，就有人打電話Call-in進來說，陳亞蘭原來你是女的，我還想說長大要嫁給你。然後我坐計程車的時候，有計程車司機還問我說，年輕人你當兵沒？因為我們一直要把自己給男性化，但是我談過戀愛喔！譬如說胡瓜也常常笑我，他跟我開會的時候，我常常坐姿像皇帝的樣子，就是說訓練所有的肢體語言，所有的過程當中你都要把自己設定成男的。端哥你問我怎麼去詮釋男生？其實我很建議你問楊麗花小姐，因為她是開山鼻祖，我是模仿她，坦白講我從頭到尾都模仿她，所以人家才會覺得我跟她很像，我是她的私生女。

李四端：又是一個誤會。

陳亞蘭：對，是個誤會。我一直看她的表演，然後學習她，接下來你就必須要走出自己的風格，就要內化。

李四端：就算模仿也要有竅門，你模仿她什麼？她哪一點拿捏得特別好？

陳亞蘭：譬如說像耍扇子完了之後（表演眼波流轉），她不是耍完扇子之後耍帥嗎，不，這樣不帥。她是讓你漸漸進入的，她不是只有一種神情（怔住），而是會透過眼波告訴你說，我在看著你、你懂嗎，我要告訴你一件非常好的事情，或者是我要讓你進入我的心裡……她是有層次的表演。

李四端：我問一點也許不夠禮貌，有時候在綜藝節目主持人，看到你女性的一面。你怎麼去掌握原來女性的柔媚，不會因為演太多男性角色都沒了？

陳亞蘭：我私底下也不會小鳥依人，比較不會扭扭捏捏。

李四端：我覺得你是一個很直爽的人。

陳亞蘭：我私底下也是直來直往，我不會說（撒嬌）不要啦，這樣我自己會起雞皮疙瘩。但是戲裡面，楊麗花歌仔戲第一次登上八點檔（《洛神》），我飾演郭皇后，她要去誘拐曹丕，她就開始要會跳舞，然後我學習舞蹈之後，導播又給我特寫，我就要這樣跳（媚態），你就必須要很投入進去。我們在小巨蛋演樊梨花的時候（《薛丁山與樊梨花》），你就不能這樣，她就必須要有武將的感覺，然後看到薛丁山的時候（哇～好帥喔），就要有那種女人看到男人的感覺。所以我們會依角色而去演、投入那個戲，但我私底下就像端哥你現在看到的我一樣。

李四端：大家一直在問你的，你明明可以做很多輕鬆的角色，你可以去演電視連續劇、你可以做綜藝節目主持人，你都具備了一切好的條件，為什麼還要做這麼辛苦的歌仔戲？

陳亞蘭：紐約有百老匯，義大利有歌劇，日本有寶塚歌舞伎，唯一源自於台灣的劇種就是歌仔戲。早期人民沒有辦法接受普及教育，沒有電台電視，他從歌仔戲的「忠孝節義」學到做人的道理、學到尊師重道，它是這麼美的一個台灣的文化，我很榮幸成為一個表演者，傳遞歌仔戲訊息的表演者。人家說看歌仔戲的孩子不會變壞，歌仔戲既是我的根，我從母親的肚子裡面就選好了職業，一直到跟隨在恩師楊麗花的身邊，她一直希望把這個台灣文化發揚光大，讓世界國際都看得到我們台灣最有特色的一個劇種，別人都這麼珍惜他們的文化，我們在這個領域的表演者，更希望大家不要忘記歌仔戲曾賦予這塊土地的能量，而且它必須要傳承下去，不能以後只透過紀錄片或是傳記才看到歌仔戲這三個字。而且它有這麼好的教化意義，應該被永續的流傳，不能只到此為止。

為什麼堅持要做電視歌仔戲？因為它的傳播力太過強大了。我的《嘉慶君遊台灣》三十集，累積了一千五百萬人次收看，這是一個非常大的拓展力。但是《嘉慶君遊台灣》是產官學合作，很多企業知道我們對歌仔戲傳承的理念而冠名，文化部也有支持，然後師範大學有一些學長姊大家義務幫我設計主視覺，包括我的周邊商品，但是缺口還是很大，為什麼？它是現在台灣唯一的一部古裝劇，我們沒有古裝場景，我們的製景師已經凋零，外面都沒有景，很多必須要用電腦去做，編劇又斷層，然後有一些你們看不到的配備，比如其他的戲只有導演，但是我們歌仔戲必須要有戲曲導演，唱腔指導，身段指導，還有提詞副導，還有文武場，我們要進錄音室……

李四端：每一個分工都是需要傳承的產業，但每一樣產業都處於中斷，所以就要問你了，你一個人能做多少？

陳亞蘭：所以我做完《嘉慶君》就跟我的師父懇談，我跟她說：我真的很對不起你，我沒有辦法去傳承（哽咽）。我好不容易賺了一筆錢，然後每次拍歌仔戲就花光光，就我

「歡喜做、甘願受，我願意全心投入，
也希望大家可以好好珍惜歌仔戲文化。」

臉皮也薄啦，不敢去跟企業家說你必須支持我，也有人說找人來投資，我就跟他說不要，明明會賠錢你為什麼要找人家投資，不是把人家推入火坑嗎？那我就賺好了一筆錢、投入歌仔戲，完了以後沒錢了，再出來賺錢，再投入。

李四端：你現在做的這些看似風光了，但其實心中有更多的空虛，師父有給你答案嗎？

陳亞蘭：她也沉悶了一下，然後點點頭告訴我，只給我四個字叫做「順其自然」啦。她不怪我也不勉強我，她就說順其自然，可以做就盡我們的能力做，不行也沒辦法。當初她隔了十六年出來做《忠孝節義》的時候，我其實也是被她感動。她看了電視新聞說現在太亂了，孫子殺阿嬤的什麼都有，她就坐在電視邊，很霸氣說，「這就是沒有歌仔戲！」「不行，我一定要再來做一齣《忠孝節義》。」她那時候七十幾了，而且時隔十六年，我心裡在想說現在年輕人誰跟你談什麼忠孝節義，有錢比較快吧？她居然講一句話讓我很感動，她說：「只要我們能感動一個，就是一個，能改變一個人，讓他看到忠孝節義，他心存良善，他知道舉頭三尺有神明，知道飲水思源，這就是我們的功德。」

李四端：我聽了覺得有點傷感，你盡其一切所能，但是不能否認歌仔戲需要更多更多的力量幫助。接下來你還會不會再製作新劇，還是休息一下？

陳亞蘭：先賺錢（笑），《嘉慶君》結束之後有很多粉絲敲碗，他們覺得這真的是一個很新鮮的歌仔戲，跟他們現在年輕人有對到心的連結，因為我用了卡漫，而且劇本真的很接地氣，所以就很多人敲碗。既然已經做到有一定的成績，放棄真的會覺得第一可惜，第二就是那份傳承的心，我會捨不得放的，已經做到這個程度了，再怎麼樣苦我覺得自己還是會把它撐下去——我第一次在節目裡面透露，我都一直不敢鬆口說我還要不要做，因為真的壓力很大。

李四端：可是我覺得你逃不掉了，因為你年輕的時候，其實你的家庭從來沒有強迫你做這件事情，但是你自己後來回來了。

陳亞蘭：歡喜做、甘願受，當然我認真覺得我很有心，願意全心投入，但是台灣文化不是我一個人的，我希望大家可以去好好的看待這件事情，去珍惜這個文化。

李四端：你剛剛告訴我們很重要一件事情，歌仔戲基本上傳遞的其實是一個價值、是一個文化、是一種生活，但你做得太辛苦了，但我們希望你繼續辛苦怎麼辦！（笑）

（二〇二二年十月）

線上觀賞

SCAN ME

唐鳳：資安要養成良好的習慣，全民數位韌性

・端哥開場

唐鳳被國際媒體盛讚是台灣的「天才IT大臣」。對於政務的推動，唐鳳有與眾不同的作法，「政策要先讓全民試用，大家用過表達意見之後，我們再修正。」這不怕引發民怨嗎？唐鳳新創了一個名詞「開門造車」。他說：「如果第一次就要求完美，政府會自我設限、什麼都不敢做，『不做不錯』嘛。」唐鳳認為，開門先推出一個不是百分之百完美的政策，然後接受批評、挑戰，經過試錯的過程修正改善，才容易做到全民都接受的幾近完美。他領導的數位發展部，希望建立全民的數位韌性，保障台灣的數位環境更安全、更有效率。

IT天才說，他的創意其實是來自睡眠，「我在剛睡醒的時候，會有很好的點子和靈感，我就用彩色筆畫下來，用視覺的形象捕捉邏輯的結構。等到更清醒的時候，我再組織睡夢中產生的靈感。」天才的思考模式果真和你我不一樣，唐鳳說：「白天的工作對我來說是休閒，晚上睡覺的時候才是我真正的工作時間，我的思考是靠徵收睡眠。」

李四端：今天請到唐鳳部長來到大雲時堂，談到數位發展部，大家最關切的究竟這個部會做什麼？

唐　鳳：數位發展部的工作就是推動全民的「數位韌性」，韌性就是碰到各種不利的狀況，像疫情的過程，我們用了很多數位工具來防疫。或者是天災、地震，甚至碰到更大衝突時，我們要確保通訊不能夠中斷，全世界的朋友了解到我們的情況，在災區的朋友也可以即時收到正確的訊息來應變等等，所以這個全面的韌性不是幾個公司或者政府來做，大家都是需要守望相助，我想在疫情期間大家學到很多。

李四端：所以它是一個應變單位嗎？

唐　鳳：主要是以增強全民的韌性為主的單位，在這裡面當然就包含「資通安全」跟「產業發展」兩個層面。

李四端：聽起來像是你把他們集合起來，變成一個後備軍力是這個意思嗎？這些工作以前在別的單位也都在做，為什麼要成立一個部來做這件事？

唐　鳳：我舉個例子，像最近大家聽到一些關於「非同步衛星」的事情，不管是我們的偏鄉、離島有時候網路容易中斷，特別是在救災的情況下。現在就有透過非同步衛星，放一個在車上的基地台，然後開到哪邊，哪邊又重新有訊號，可以即時去做遠距的醫療診斷等等。這個確實是後備的工作，真的在診斷的還是遠距的醫生、救災消防這一些人，但是如果沒有中間數位連結的能力的話，就幾乎沒有辦法判斷當場發生什麼事情。

所以我們還是一個輔助的工作，就像我在疫情期間的付出，不是取代了指揮中心，而是指揮中心希望我們在最短的時間裡面，大家買得到口罩、能夠去打疫苗，而我們盡量快速的讓大家能夠接取到這些服務。

李四端：在沒有數位發展部成立之前，台灣的情況是比較混亂嗎？這種你所謂的連結、應變、後備，非要一個部會把它組合起來才安心嗎？

唐　鳳：非常好的問題，我之前是政務委員（二〇一六年至二〇二二年），政務委員是跨部會不管部的部長層級，確實我們看到像之前報稅軟體不太好用，民間有一個想法可能很好用，所以我們是透過跨部會協作，開門造車，你行你來。

即使沒有數位發展部，在每一個部門底下，財政部有財政資訊中心、國發會有資管處等等，也都有做數位串聯的部門，為什麼要把它集中到數位發展部呢？因為新興的這些事物，像非同步衛星接到5G，以前要推動一個這樣子的試驗，你需要說服三四個部會首長、兩三個政委，當新的狀況出現時，內部的協調成本變得相當高，所以既然我入閣六年了，跟這些三級機關合作培養出了默契，我們把它收攏在一起可以省掉協調成本，主要是這個原因。

李四端：那些機關原來的資源跟權力不是被你掏空了嗎？

唐　鳳：就移撥過來了，但是國發會裡面還有很多別的職能，不會說一個資管處過來，國發會就被掏空，沒有這樣子。經濟部、工業局確實軟體一部分過來了，但是工業局，我們知道工業何其多，所以並不是說掏空的狀況。

李四端：基本上是把分散的集合起來，提高效率，而且把整體的發動力量集中在一個部會。這樣子會有一個問題，所有的責任以後都變成在數位發展部完全承擔。

唐　鳳：過去兩年多疫情的時間，做這種全國性的資訊服務本來也是我們在承擔。所以吸收風險，然後即時的給出解釋，把民間好的想法能夠引進這個工作，我也不是第一天入閣，這個就是我之前在做的工作。

李四端：我們現在看到疫情有一個中央指揮中心，如果把數位發展部也形容為國家數位建設以及發展轉型的一個指揮中心，大致就是如此吧？

唐　鳳：可以這樣子說，但是我們並沒有內容的監理、監管的權限。就是像日常每個人的貼文審核，這個文章可以上，那個文章不能上，這個是屬於內容監理，以前新聞局的權限是完全沒有的。我們就是推動、獎勵、促進媒合等等。

李四端：現在成立了，你們有沒有一個所謂的百日計畫，或是第一年有什麼成績告訴大家？

唐　鳳：我們即將成立的時候，剛好碰到裴洛西議長訪台（二〇二二年八月二、三日），可以說我們碰到了一次真正資安上叫「紅隊演練」，就是真實的攻擊測驗。在台鐵這種公共場域的看板突然出現一些訊息（電子看板遭駭出現簡體字），我們發現危害國家資通安全產品這些限制，之前沒有管到這個地方，原先認為介接公務網路才需要保護，忽略掉了這種有傳播性質大家共建共管，所以像這樣即時來的危險，我們要如何快速應變，而且當時立刻就放大說總統府或國防部的網站被攻下了，人家也會用這種混合戰的方式來混淆。所以我想在成立前的幾天，關於這種即時應變、增強我們的韌性，特別是對於阻斷攻擊的韌性，這個就已經幫我們設定了的一個要求，也就是我簽的第一份公文，讓危害國家資通安全的產品，不要再出現公共場域。

李四端：以這個事件來講，交由數位發展部來管理之後就不會再發生了嗎？

唐　鳳：應該這樣講，當它發生的時候，反應速度可以變得很快，即時去確保它不會橫向擴散，還有就是朔源的能力也增加。

李四端：如果我們現在按照這個發展的邏輯走下去，便利商店、市場、馬路上的宣傳看板螢幕，都有可能被不當的介入，都有傳播效果，就納入給你們來做管理不是一個很好的解決方法嗎？

唐　鳳：《資通安全管理法》授權給我們的目前只有政府機關的場域，以及所謂關鍵基礎設施，還沒有波及到民間的朋友。

李四端：剛剛講到成績單的問題，這份任務是在部門還沒成立就已開始，這個算是你第一份成績的管理？

唐　鳳：我簽的第一份公文就是預告這個原則。當然不是我簽字生效，因為我們很注重民間的意見，所以都是有預告期的，這一份的預告期是三十天，應該很快會生效。

李四端：還有沒有其他的工作，你希望在短時間就能看到成績？

唐　鳳：延伸這樣子的想法，剛才提到非同步衛星，事實上我們今年就已經開始規劃，不管是偏鄉、離島任何可能網路會中斷的地方，到明年有七百多個點，都要確保即使海纜、行動網路或其他網路有問題的時候，可以透過衛星的方式去連到國際的網際網路，這個也是大家覺得早就應該進行，尤其是看到烏克蘭的狀況。現在申請的是前瞻基礎建設的預算，明年跟後年兩年期的計畫，我們編的這七百個點，它是可以改變位置的，所以我們會不斷的去試它的戰略位置，它是放在固定的還是移動的地方，移動的是車還是船等等，才能夠去確保任何地方發生災害或其他狀況時，可以立刻趕到並且恢復網際網路通信。它並不是什麼時候完全完成，而是我們會不斷地試驗位置。

李四端：這個衛星的安全以及可靠程度不會有問題？

唐　鳳：這個也就是我們的一個工作啦。在資安上，紅隊是攻擊手，藍隊是防守方，我們本來就有一些防守方、稽核的能量，但是我們也會去培養台灣在地的紅隊，去試著攻擊這些衛星，包含到地下的5G專網等等的這些接觸點，確保在別人發現弱點以前，我們的人先發現。不是只是被動的所謂抵禦外侮，而是主動的先去模擬外侮，然後再去找到漏洞，加以精進。

李四端：來自惡意的資安動作，現況到底如何？

唐　鳳：可以說無日無之。我們能夠看的並不是它一定是從哪裡的電腦，中間會經過很多跳板，但我們至少知道它是境外來的嘛。因為境外來要過海纜，跟境內的做法不一樣。所以像裴洛西來的時候，我不是有公開講，他們連到我們這些重要的政府網站，他們是用大量的同時連線去轟炸，好像打電話打同一隻專線讓它占線一樣，那個量就比以前最高的量還要高個二十三倍。所以可以看到每次有這樣子動員理由的時候，他們確實能調動滿大的流量，當然數位部也立刻提出新的方法，把我們的資訊不要集中在一台電腦，那就很容易占線，而是分散到全世界可能二十萬台以上的電腦裡面，透過分散式網路讓它不至占線。

李四端：我們最近看到的報導，來自於紅軍方面不友善的這種試探，一天次數可能在千萬次以上？

唐　鳳：那都是機器人做的，不要想成一千萬人來做。我們叫做Port（通訊埠）就是一台機器它可以連線的地方，所以他就從第一個窗口掃到最後一個窗口，非常快速地去看你有沒有漏洞。

李四端：觀眾可能想知道這場紅軍跟藍軍，藍軍當然就是我們的防禦面，現在雙方的戰鬥情況如何？

唐　鳳：在關鍵基礎設施跟政府核心的這些公共服務，我們可以看到裴洛西來台的時候，其實並沒有被阻斷，也沒有真的被竄改什麼資料。但是當然電話占線的那個部分，確實可以應對得更好，所以後來我們就花了比較多的力氣在應對占線這件事。

李四端：這個資安防禦跟台灣社會的正常運作，在數位部的工作是不是占了相當大的比例？

唐　鳳：相當大的比例，尤其是資安要養成良好的習慣，其實並不是一件容易的事情。大家都知道，雖然要設定密碼，但是很多人不同的網站都設定一樣的密碼；大家都知道，除了系統管理員之外，不要隨便去給權限，像我是部長不是資訊處的人，有時候就會給我超過我所需要的權限，我還要自己去舉報自己，把它取消掉。資安也要養成良好習慣，包括備份的、密碼的……這個占我們很大的工作比例。

李四端：這也就是你們一再強調要培養台灣民眾的數位韌性。將近三年的疫情之下，你覺得台灣社會究竟在數位韌性方面進步了多少？

唐　鳳：我覺得進步非常多，特別是在所謂的先查證、再轉傳或先查證就不轉傳的部分。我們看流行病（Pandemic），就是疫情之外，WHO還有一個字叫「訊息流行病」

（Infodemic），因為大家在疫情的時候會慌嘛，如果沒有了解到真實的資訊，大家還是會傳播恐慌訊息、各種偏方等等。這些訊息好像一種流行病一樣，我覺得台灣就是相當透明公開，至少每天下午兩點帶狀節目（疫情記者會），大家養成對傳染病學的基本知識，也養成了所謂的精神抗體。

李四端：你的意思就是台灣民眾對於真假訊息的辨識能力是升高的，但我們也看到另外一個現象，很多人把批評的焦點指向政府所發布的訊息，至少有些人是極不信任的，你怎麼看？

唐　鳳：我記得二〇二〇年選舉的時候，有隱形墨水的謠言，不管你蓋誰的墨水會消失，蔡英文的墨水會顯出來，但是我們發現並不是只有某個政黨的支持者在闢謠，事實上所有相關的政黨他們都有監票員，你去看哪一個陣營的YouTuber都有他們的角度，佐證說其實並沒有什麼隱形墨水。所以我們並不是只靠政府的訊息，主要還是靠新聞工作者。新聞工作者也好，自媒體、YouTuber也好，屬於各個不同陣營，還是可以自己做事實查核的工作。這件事情就比其他一些國家，只靠所謂的官方媒體來講，我覺得是比較有韌性的。

李四端：數位發展部將來跟這些自由新聞工作者之間的關係是怎麼樣？

唐　鳳：這些新聞工作者現在告訴我們，說他們的廣告收入被Google、Meta好像有點壟斷的味道，所以我們目前也有另外一個工作，去確保他們可以跟這些跨境大型平台共榮。

李四端：你講的是利潤分享機制，好像也有民意代表關心這個事情，要求你們一個期限要提出方案，幫助台灣的媒體在國際跨平台上面的利潤得到一個公平機會。這些國際大平台看起來處事都滿強悍的，為什麼會對於數位部友善呢？

唐　鳳：在二〇一八年的時候，《選罷法》有規定競選所得、政治獻金不但要揭露，而且境外的不能捐給國內候選人，然而當時大家發現在Facebook上面多了很多精準投放的廣告，它的金主不是本地，因為是廣告而繞過事實查核機制，其實都是一些政治性或社會性的訊息。如此一來是不是《政治獻金法》就被繞過去了，任何境外的人都可以不揭露是誰的情況下去干預選舉？

我們去跟Facebook談的時候，並不是拿著法律去談，因為台灣的公民社會不分黨派都認為政治獻金揭露是應該的事情，監察院當時只用紙本揭露，沒有用開放資料還被糾正。所以Facebook就發現他如果不配合台灣這邊對於政治獻金的社會規範的話，說不定被社會抵制，在這個情況下就滿好談的。到二〇一九年台灣變成他們極少數，所謂Civic Integrity（公民誠信責任），就是去確保在競選前的資訊，他們就投注了相當精力來確保到二〇二〇年選舉，不能再用這種投放廣告的方式來干預選舉，而且要即時揭露。

我講這個故事的意思是，並不是好像我押著這些大型平台，而是大家去凝聚一個共識，了解到選舉不能夠被境外干預，新聞業非常重要有公益價值等等，是拿著這個共識去說你要不要配合一下。

李四端：也就是說，我們必須把台灣自己對於數位民主的堅持精神，讓世界更加的知道。你們也在做這份工作，而且有專門的單位要推廣這種數位民主聯盟嗎？

唐　鳳：是的，在其他的部通常叫做國際合作司（國合司），到了我們這裡就叫「民主網絡司」。不只在國際跟國際的合作，Google不算一個國家嘛，在網際網路上面去建立民主網絡，這個就是我們民主網絡司的工作。

李四端：數位發展部成立到現在，還是有人覺得你們所做的就是台灣數位安全的屏障，其實不只你的部門在做？

唐　鳳：不只我的部門，如果是軍事方面的有「資通電軍」是在國防部。以國防為主的軍事目標的防守以及可能攻擊，都是資通電軍。我們是負責公部門以及關鍵基礎設施。至於民間的話，我們是有一些訊息分享的平台，但目前還是以民間企業自己去組成聯防的架構。機制上面，行政院有一個資通安全會報，數位部是主要幕僚，在這個會報裡面有一個副召集人是國安會的諮委，所以是透過這個會報去協調，國安會跟我們怎麼樣互相合作。

李四端：所以在目前國安防禦方面，你也提供了一些個人看法？

唐　鳳：我們現在有一個講法叫Zero Trust（零信任架構），不會因為你在內網裡面，或你的電腦是這一台、你有帳號密碼，就完全相信你而給全部權限。像我們透過行動設備來簽公文，它是要驗連線、設備，還有我的指紋，這三個加在一起同時被攻破的機率就比較低了。這種防禦的縱深，零信任的架構，世界各國與我們數位發展部現在都同樣推廣。

李四端：這工作角色既然如此重要，不可能完全只靠你一個人的智慧，應該有一個智囊團吧？

唐　鳳：當然，好比我們的政務次長，負責資安跟資訊的闕河鳴老師，或者資安署的謝翠娟署長，他們隊伍大概都組成了。現在主要的挑戰是年底要有一個國家資通安全研究院，剛剛提到比較都是政策方面規劃的工作，但是資安院會有一些技術方面的工作，這部分需要徵人。

李四端：外界傳聞說你們好像要用很多民間非符合文官體制的人進來，你要組織一個個人網軍，這一切你現在要不要說清楚？

唐　鳳：我們不會破壞文官體制，還有一個你沒提到的，大家都說我們是不是要介入選舉？剛剛我們在講不讓境外勢力介入選舉、抵禦外侮，當然我們自己也不會介入選舉，我們是行政中立。

一開始在組織法裡面有明定我們的司長、署長可以用常任文官，但是也可以用教授、副教授，可以用政務晉用，數位部最多可有一百個約聘、兩個署各最多有一百個，所以上限三百，但到明年年底也不過八十五個，我們並沒有要用到滿，那麼當時為什麼會有這個設計？其中一個原因是，如果司、署長都是教授、副教授，他們會要用的人包括同事、學生等等，不會有國高考的資格，因此規劃可能要用約聘，但因為我們所有的司、署長都是常任文官，他們一想到要用的人都是從本來的或比較熟悉的機關來商調，我們繼續保持行政中立，由司、署長常任文官來規劃聘人的話，就絕對不會到三百個。現在看起來一百個也到不了。

李四端：到現在為止，你覺得當部長之後最大的感受是什麼？

唐　鳳：部長跟政委的工作量，對我來講其實差不多，最大的差別就是要接受委員會跟院會

「資安要養成良好的習慣，
大家都知道卻並不是一件容易的事情。」

立委的質詢，之前我都是在備詢這一邊從中學習，現在真的上了質詢台，我想是最大的差別。

李四端：你覺得未來數位部會不會跨越到更多的領域，甚至是數位監管？

唐　鳳：大概是沒有辦法，油門跟煞車並不能在同一個機關，煞車就是內容監理的部分都還在NCC（國家通訊傳播委員會），而且NCC的組織法已經明訂包含網際網路相關的傳播等等。所以我可以很負責任的說只要數位部還叫數位「發展」部，監理的部分就不會到發展的數位部來。為什麼叫數位發展部，就是能夠運用的一些政策工具裡面，我們用的都是鼓勵的、獎勵的、推動的、媒合的這一側，而不是去罰你吊銷執照的那一側；凡是監理的工具，按照我們的組織法都沒有過來。

李四端：看起來它是一個比較溫和的部門，但實際上很多是非常嚴肅的事，而且非常辛苦的工作，你現在工作以外還有時間思考自己的人生嗎？

唐　鳳：一樣的，從早上七點到晚上七點是我的工作時間，現在也差不多就是這樣。數位部的好處是說從經濟部、NCC、國發會、資安處真的是有很多能人好手，在體制裡面的常任文官願意加入我們，以前在院本部我的辦公室大概二十幾個人，確實就一個人要當好幾個用，現在加一加目前大概兩三百人，到明年可能五六百人，遇到更多即時應變的工作，可以比較分散式的進行。

李四端：在這個部門行政工作的歷練之後，你未來自己還有什麼樣的規畫？

唐　鳳：未來的規劃大概就是去確保全世界想到民主的典範、想到在數位時代裡面還是可以推動民主人權，就想到台灣，這就是我一向的工作。

李四端：你有沒有想到台灣此刻在數位安全方面經歷的關鍵時刻，這麼大的一個變化和發展，而你就在這個位置上，它是一種命運的安排吧？

唐　鳳：六年多前入閣時，我說希望能夠去擔任全球關心民主的社群跟我們政府中間的一個橋梁。我覺得現在這個還是我的興趣，我的工作當然愈來愈多，像你剛剛講的有一些應變的成分在裡面，尤其是疫情這兩年多，但是我的初心就是去聯繫全球的民主社群，讓大家看到發生威脅挑戰的時候，我們不需要往專制極權的路上走，反而是愈來愈民主，更民主才能夠應對這些新的挑戰，這個是沒有改變的。

李四端：今後我們在立法院會看到更多你跟民意代表之間有猛烈的攻防嗎？

唐　鳳：猛烈的攻也許有，防沒有。都是非常感謝委員的關心。

李四端：你一直都會以這樣的態度來面對民意代表的質詢？

唐　鳳：因為我是真的很感謝啦，不是只有口頭講。藉由這樣子攻擊的方式，我去回應之後，它可以傳播我們實際的狀況給平常不會關心數位部在做什麼的人，這個非常重要。

李四端：有關工作、學習與行動的方法，你在自己生活上有沒有應用的一些小技巧可以分享給我們觀眾？

唐　鳳：我在剛睡醒的時候，大家知道我是不會把手機或任何3C產品帶到臥房，但有時候剛醒來真的出現很好的點子，之前是用紙跟筆記下來，問題是第一個我寫的字，自己清醒了不一定看得懂，第二個寫字多少是線性的，很難完整把腦裡剛醒來的那個結構去捕捉下來，所以我最近用色筆的方式，好幾種顏色的筆跟紙放在床頭，醒來如果想到什麼想法，我就趕快把它幾筆畫下來，好像去捕捉那個邏輯結構，這樣子的話再稍微清醒一點的時候，再去看就比較能夠了解。包含之前在籌備階段怎樣組織我們的處務規程，各司各屬要怎麼放，或者即時應變資安攻擊的時候，資源怎麼配置等等，我現在愈來愈變成一個Visual Thinker，用視覺的方法，好像在一個很大的畫布裡面去組織剛醒來的一些靈感，這個或許可以分享。

李四端：以圖代文字，用視覺形象符號能夠帶領更多的記憶重新回歸到腦裡。我們也期待唐鳳部長未來能夠把我們國家的數位建設，帶向一個更有效也更安全的領域。

（二〇二二年十月）

線上觀賞

SCAN ME

蔣萬安：台北市需要年輕、活力與創新思維

石舫亘：他有自己的堅持

·端哥開場

「萬安是個低調、謙虛、安靜的人。」這是台北市長蔣萬安的太太石舫亘對老公的評價，「有人批評萬安的問政風格不夠強悍，但他非常理性，他有自己的堅持。」蔣萬安和太太一起上節目，太太眼中謙虛、理性的蔣萬安，卻堅定地說出他對台北市的願景：「台北市需要注入活力、注入年輕的元素。要有創新、多元、包容的思維，大步往前邁進。」

蔣萬安認為，台北市雖然號稱是台灣的首善之區，但是和韓國首爾、日本東京、新加坡……相比，台北市的發展步調卻相對緩慢。人口流失，尤其是青壯年搬離台北的速度非常快。蔣萬安要把台北打造成青壯年能夠安居樂業的城市，他承諾的施政重點至少包括：交通捷運線優先處理、都市更新老舊房舍……

「萬安有自己的堅持！」石舫亘對老公的評價，也是民眾對蔣萬安市長的期待。

在節目中，蔣萬安親手畫了一幅鉛筆畫，並且取名「愛的家庭」。有妻兒的支持，肯定能家和萬事興，這也是蔣萬安繼續從政的基礎動力。這幅「愛的家庭」，現在仍高掛在大雲時堂的攝影棚裡。

李四端：蔣萬安委員跟他的夫人石舫亘女士，今天夫妻檔來到我們節目。蔣委員此刻正代表中國國民黨，投身於一場非常忙碌而競爭的台北市長選舉，選舉有很多的壓力，所以我們今天特別一開始，讓你紓壓一下，蔣委員要以畫家的角色展示他問政以外另一項才能。模特兒就是你的夫人，你可以發揮創意，把你構想中的台北市未來作為背景配圖，不能太抽象，讓我們看看你眼中最愛的這位女士在你的畫筆之下是如何，有把握嗎？

蔣萬安：有把握！不過端哥這樣讓我壓力更大，比我選舉壓力還要大。我第一次在大家面前畫畫。

李四端：你畫畫多久了？

蔣萬安：小時候是真的很喜歡畫畫，腦袋有很多發想，我小學有代表學校參加畫畫比賽，然後也的確得獎。但長大了以後就比較少畫畫。只是一個興趣。今天重拾畫筆有滿滿學生時代的回憶。

李四端：今天機會難得，而且讓觀眾特別檢視一下，你畫中的夫人是什麼樣子，所以你記得這幅畫，我們會永遠留存，將來還會上網拍賣。在畫之前，先講一下你準備怎麼樣構圖？

蔣萬安：我想大概用一些簡單的線條，不會是像素描維妙維肖那樣子，但是把我心中的太太，她在我心中的地位，整個家庭的感覺，把它畫出來。

李四端：兩位都是政大。我自己也是政大畢業的，所以我們三個校友齊聚一堂。你們是在政大啦啦隊比賽認識的嗎？我跟觀眾解釋一下，政大啦啦隊比賽是在學校運動會五月二十號那一天，每個系要組成啦啦隊，往往都是運動成績不好的系，組的啦啦隊要特別強。你們是外交系的運動強嗎？

蔣萬安：我們其實滿強的，系上棒球隊還不錯。系籃也很好，剛好那幾屆有幾個強的學長在。

李四端：我們知道這些年來蔣委員主要是問政，但是他本身的個性，你會用怎麼樣的方式來形容？

石舫亘：我們比較熟悉確實是後來一起練啦啦隊有機會相處，在那之前是萬安他在高三的時候來做推薦甄選的面試，我剛好是外交系第一屆推薦甄選進去的學姊。

李四端：那是你這輩子第一次看到他？

石舫亘：對，那個時候他跟其他學弟妹一起來跟學長姊請教一些經驗，第一次的印象就是覺得他非常地有禮貌，滿安靜的一個大男孩。後來進到學校，大家知道他就是當時章部長的小孩，所以我們都期望，萬安是一個非常優秀的學生以外，可能也是一個非常外放的，比方說辯才無礙。

李四端：你用的是非常中性的形容詞來形容他，一個大男孩、一個很有禮貌，換言之那時候他對你還不構成吸引力。

石舫亘：我們其實就是朋友，真的沒有想到後來會在一起，就是啦啦隊練了以後有感情的。

李四端：所有人都知道是學弟追學姊，你不覺得那時候他已經展示異常的勇氣嗎？

石舫亘：告白後，真的有讓我驚訝到。

李四端：蔣委員謙和的外表之下所隱藏的一顆非常火熱的愛情之心，你當時沒看出來？

石舫亘：我就不知道他到底是不是這樣子的個性。他就是非常低調、謙虛，相對滿安靜的一個男孩子。

李四端：他做過對你最熱情的是什麼？

石舫亘：比方說我回到宜蘭，那時候沒有雪隧，每次來宜蘭走濱海要開車三、四個小時，或者是北宜大概至少開兩個小時，有一次我們好像有點爭執，後來我就回到家了，然後幾個小時後，他突然間就出現在我家門前，那是我第一次感覺到哇，原來萬安會做這件事情。

李四端：他就立刻跑過去道歉是吧？

石舫亘：當然。可是他通常都是想做一件事，他要計畫好，然後默默地一直努力往前進，所以別人說他可能在追我，其實我是沒有感覺的，因為他可能就是來問一個問題，或是學姊聽說政大旁邊開了一家新的餐廳，我們找時間一起吃飯好不好這種，就是你不會覺得他在追你。

李四端：他平常可能小心翼翼，一旦需要展示果斷跟決心的時候，他會讓你印象深刻。

石舫亘：對，滿多時候讓我會感到驚豔，原來你是這樣的男孩子。

李四端：你們在國外，他念法律然後開事務所，之後回台灣創業、幫助科技業，那段時間從來沒有談過從政的這項抱負嗎？

石舫亘：沒有耶，我們當初回來其實最大的原因就是孩子的教育，準備念書進幼稚園。

李四端：你沒有特別告誡他不要從政？

石舫亘：我們談論要不要從政這件事情，其實結婚前就已經有在談論，因為我知道他家裡的背景。那時候討論的結果，大部分答案就是不會啊，「我想要好好的當律師」，「我這輩子就是會以法律作為我的專業」，所以從來沒有想過他有一天會跟我討論，「我想要走進政治」或是「我要參選了」。

李四端：但他後來跟你提的時候，你是第一時間就答應，沒有任何猶豫對不對？

石舫亘：他是在出差的時候打電話跟我討論的，我的印象就是自己有一點點的擔心，他的個性是不是適合在選舉的環境裡面？因為就像我剛剛說的，我一直覺得萬安就算是當一個律師，他是商務律師，所以他不是在法庭上不停地跟人家辯論的那種律師。第二個是說，我們都沒有選舉過，這對我們而言是非常陌生的一個過程，所以我很擔心，他的個性是不是適合他未來想要走的這條路。但是跟他在電話上討論的時候，我覺得他想得很清楚了，通常他如果想得很清楚、告訴我這件事情他要做，就像當初我們從美國要準備搬回來，他也是非常地清楚而且給了我一年的時間去準備，讓我把工作告一段落，生活各方面把大家的計畫弄好。

他想清楚了而告訴我的那一刻，就是要讓我跟著他一起往前走，所以我覺得在電話上沒有什麼好跟他特別爭執的。雖有一點點的擔心，但會覺得說沒有關係，因為這是他的決定。

李四端：這樣是不是也證明了他都有他自己很堅持的一面？經過了這麼多年，你還是覺得他不適合政治，還是他其實是適合從政的人？

石舫亘：經過這麼多年，當然我覺得他是愈來愈喜歡，不管是他對於法律的專業，或是他能夠接觸民眾，他是愈來愈熱愛他的工作。特別是我覺得他個性的轉變，因為有機會多接觸民眾，讓他原本相對安靜的個性，或是他會不會不知道怎麼跟別人搏交情這樣子的事情，但是當這些里長們或民眾看到他會叫萬安、萬安哥，甚至有些小朋友叫萬安叔叔，這樣的時刻，我就覺得我的老公真的是不一樣了，而且他真的可以跟他們打成一片，確實非常努力地想要傾聽他們的需求，然後為他們做事。我唯一的企求就是，希望他保重身體，盡量能夠找時間休息的話就休息，可以多睡一點就多睡一點。

李四端：沒打勝仗別回來？

石舫亘：家裡永遠歡迎他的。

李四端：這是第三次的選戰了，前兩次選舉在開票的那一天，願意談一談你們兩位的心情跟氣氛嗎？

石舫亘：我參與多一點的是第一次選舉，印象確實是每天都滿緊張的，從他一開始決定參選一直到經過國民黨的初選，才能夠代表國民黨，然後到後來兩個月左右就要進入大選的時程也是非常緊湊，我們當時沒有自己的團隊，也不會找公關公司幫我們做任何的包裝，當時決定了就出去了，所以那時候真的非常感謝各方朋友們的幫忙。因為我參與多一點，我壓力是比較大的，但是在跟他一起勤走基層的過程當中，其實我們都感覺得到民眾的期盼跟熱情。

李四端：我想問的是第一次選舉、第二次選舉，兩次立法委員選舉在開票前，也就是投票日那一天，你的心情起伏是怎麼樣？其實說起來第二次選舉令外界印象更深刻，因為那次選戰在媒體的報導之下，似乎與對手是最激烈的一場，第一次選舉當然是他的第一次現身，所以如果你記得這兩次心情起伏的話，我覺得候選人身邊的另一半，在選舉最後階段，會感覺到我身邊這位伴侶，他得勝的機率跟希望會多少？我想問的就是此時此刻你的感覺，跟前兩次比較有沒有差別？

石舫亘：其實是一樣的。兩次投票日我們當天都去投票了，回到家後很安靜，其實他是在沉澱心情，我印象上一次選舉要開票的時候，我們都不會有把握的，我相信這一次也不是一定有把握會選贏，所以都是非常忐忑也會緊張。我那一天就是看到，萬安真的是一開始在開票的時候，就坐在他的書桌前寫，一份是落選感言，一份是勝選感言。他坐在那裡大概一個小時的時間擬好兩份。所以選舉選到最後其實沒有一定會贏，但是我覺得他就是這樣子的一個人，就是會把他的努力做到最多，然後告訴大家我今天盡力了，連到當天他真的不知道會怎麼樣的狀態，他還是準備好兩份，然後他要上台的話，他要怎麼說。

李四端：蔣委員，你這次還會準備兩份嗎？

蔣萬安：我們團隊基本上什麼都是要準備好，各種版本都要。

李四端：你感覺他這次的信心跟戰鬥意志力，有沒有比前兩次更加濃烈呢？

石舫亘：這次的規模跟以前是絕對不一樣的，從二個行政區選區（立委），到現在十二個（市長）。我覺得這是激發一個人的意志力，還有激發整個團隊向心力的一個過程，看著他一路這樣子過來，我必須說我覺得他愈來愈沉著。

李四端：沉著是好消息嗎？

石舫亘：沉著就是我看不出來到底結果是什麼（笑）。但是回到家呢，他會放下外面遇到的一些事情，我們寶寶現在才一歲出頭，通常他回到家，寶寶都睡覺了，老大大了，所以就是跟他講幾句話睡覺，小的比較早睡覺，我們家這個爸爸最特別的是，通常人家都是從頭開始摸一摸，問今天怎麼樣呀，他則是先從腳丫子開始聞，他非常愛聞小朋友，從腳一直到手，聞到頭，然後說今天好像腳味道有點酸酸的，他今天有走路吧……我覺得那是他紓壓的方法，他回到家第一件事就說，兒子咧？然後兩個兒子就是找他，反正很有趣，看到這個爸爸其實他都沒有變，不會因為外面的狀態怎麼樣，他回到家就會有什麼不一樣的心情。

李四端：對你來講應該是最好的調劑，看到他能夠從外面戰場回來，還是一個非常重視家庭的人。

委員的畫好了（圖畫完成），先解釋一下這張圖，取個名字吧？

蔣萬安：「愛的家庭」，主要的基本元素，當然是老婆大人，然後我們的二寶抱在懷中。

李四端：我必須承認滿像的，雖然五官並非畫得那麼像，但是她的眼睛和瀏海，畫得很漂亮。

蔣萬安：大概簡單的線條勾勒出幾個元素，太太永遠第一位，然後孩子兩個二寶，三寶在太太肚子裡，我就是在後面支撐著這個家庭。背景就是我想像的一列捷運車廂，希望未來台北市的交通能夠更加便捷，後面畫幾個大樓是希望能夠有一些都市更新，我想改善整個市容，也讓市民朋友住得更安心安全。我想呈現就是一個家庭，我們就是一家人，但太太是主角。

李四端：太太的反應怎麼樣，評價一下？

石舫亘：畫得真好。

李四端：這張親筆的「愛的家庭」畫，我們一定留下來裱框。你今天還帶來一個小東西（手工藝品），這個是什麼？

蔣萬安：這是一隻小兔子。那時候她在美國剛好懷了第一個寶貝，我們都很興奮，大家知道夫妻剛結婚會度蜜月，我們懷第一個Baby就叫Babymoon，我想慰勞太太的辛苦，生產前安排了一次小旅行，從美國加州特別飛到墨西哥城市Los Cabos，讓她好好休息享受那邊的海灘、陽光，飯店旁邊有一個小攤位賣很多的手作品，我們看到這一隻小兔子好可愛，它原本是全白素色的，觀光客來可以選一隻，然後在上面畫你喜歡的圖案跟顏色，因為我們第一個寶貝是兔年出生，所以我們選了小兔子，然後兩個人合作塗上色彩。它背上有寫一個字「元」，就是我們老大的小名，叫做元元。我們就一直保存到今天。

李四端：這個小東西不僅見證了父母親愛之彌堅，同時給小朋友帶來了一生的祝福。今天我們特別準備了三寶飯，慶祝家裡即將有第三個寶寶誕生，真的很辛苦。我們還準備了豆花，看了這本《台北．萬安》書中敘述，當初你們在考試的時候，最高興去夜市吃一碗豆花嘛，這碗豆花表示你們愛情之路走到如今，從長跑十一年到結婚，算算二十多年了。

蔣萬安：超過二十年了。

李四端：你還沒入學，她就看到你了，當初只覺得你是個有禮貌的大男生而已，沒想到後來如此地堅決。今天這本書，我們知道跟這次選舉有關，書中敘述了很多你自己的想法，尤其你在最後一段講到對台北的想像，你非常直白的表達要帶來一個年輕的台北市。我不算年輕，但我很想知道年輕的台北市為什麼如此重要？你覺得台北市現在老嗎？

蔣萬安：端哥雖然很客氣說自己不算年輕，但其實你還很有活力，思維很年輕跟得上時代。台北市建城已超過百年，我覺得台北市需要注入活力、年輕的元素，這個很重要。

李四端：過去十幾年沒有嗎？我們的幾個市長也不是很老啊。

蔣萬安：不是年紀的問題，而是一個創新突破的思維與精神。我們在美國矽谷生活工作這麼長一段時間，感受到創新、多元、包容，我覺得這個也是未來台北市必須具有的特質，過去幾年台北市當然有一些發展，但是很多的建設並沒有如市民朋友所期待的如期完成，包括相關交通，捷運線的動工，大巨蛋的問題等等。所以我覺得市民朋友很期待，台北市接下來能夠真的大步地往前邁進！怎麼說？當我們看到韓國的首爾，日本的東京，這些一流國際大都會它們不斷地在進步，甚至包括東南亞很多國家的城市，泰國的曼谷、越南胡志明市、峴港、它們現在整個觀光產業發展非常快速，台北市相較起來步調緩慢，也就是我們沒有那種活力，甚至相比台灣的六都，我也常到台中去，感受到台中比台北還有活力，所以我覺得台北市既然身為首善之區，其實它最有條件，也有相對的優勢。

李四端：你所謂的活力，發生問題的是人，還是什麼因素？是領導團隊的因素呢，還是整個體制上牽制的因素？癥結在哪裡？

蔣萬安：我覺得當然跟執政者他的整個決心有關，舉例來講過去這七年台北市的人口流失非常嚴重，大概流失超過二十萬，而且其中有六成是青壯年，就是年輕的爸媽帶著孩子搬離台北到新北、到新竹、到桃園，很顯然這座城市沒辦法留住人才，表示這個城市競爭力下滑。反而台中，看到人口不斷地上升。所以這就表示我們沒有辦法能夠讓年輕朋友留在這個城市打拚，在這裡安居樂業，另外剛剛談到很多建設，這八年來沒有一條捷運線動工，郝市長我記得在他第二任內，四年每一年都有一條捷運線完工，這當然是前面幾任市長從規劃、開始興建然後到他任內完工。我覺得接下來還有很多捷運線需要興建，所以未來如果當選市長，捷運東環段在我任內，兩年內一定盡速動工；捷運民生汐止線，中央核定之後也會盡速動工。我會把它當成優先要處理的捷運線，我想這個就是市民所期待的。

李四端：你有什麼把握能夠做出跟前面幾任市長不一樣的？你也只是一個人而已啊，難道你說帶來一個年輕的台北、你的遠景，告訴市民你有什麼把握能做到？你還是要面對議會、同樣那群市政府龐大的公職系統，你能做什麼更不一樣的？

蔣萬安：很重要的是決心，還有思維。市政當然非常地龐雜，非常多事情，但是重要的事情、必須迫切要來解決面對的問題，有優先順序。我談到包括交通、都市更新，包括生育、養育的政見，我都提出來。剛剛談到交通相關的捷運線，優先來處理，都市更新也一樣。

其實接下來這個市長，他必須要面對老舊建物太多的問題，過去幾任市長也在談，他們可能面對的是房屋十幾二十年，但現在台北市的老舊房舍大概都四十年五十年以上，這是迫切要解決的，如果有一場大地震來，台北市是承受不起的；內政部有一個調查，如果台北市發生六．二規模的地震，會有四千多棟的建物倒塌，我想台北市承受不起任何一個建物倒塌或任何傷亡，所以現在就必須要加速相關都市更新的速度。當然我們有很多具體的做法，即便大家講說同樣的人、同樣的團隊等等，但很重要是第一個你的決心、你施政的優先順序，還有願意突破相關法規框架的思維。

李四端：這次競選台北市長，不只三、四位候選人，有好幾個。

蔣萬安：十二位。

李四端：但是大家主要集中在三位候選人，你們三位都有很多的施政藍圖、施政構想，當然市民不見得都能了解。我也約略去了解，就以托幼這方面，你規劃了很多，包括孕婦，將來開一個特別的車子帶她們定期去醫院，包括你要提高補助經費，你的對手也提了很多這些類似的，但我覺得市民一定會問：你怎麼告訴我，你能做到呢？四年前我們看到也有市長候選人講了一堆，不能用天花亂墜這四個字，不公平，但是你能不能告訴我們你的決心，所謂建設一個年輕進步、有作為的台北，為什麼你覺得你能做到？

蔣萬安：我舉幾個例子，國民黨正式提名我為台北市長候選人時，我拜會了黃大洲市長。大家對於黃大洲市長可能有一些印象：大安森林公園，第一條捷運線，基隆河截彎取直，還有中華商場的拆遷。他跟我講了這幾個他任內非常有成就感的事情，特別大安森林公園改建，他談到當時整個用地上面有一萬多戶，他怎麼樣來協調然後幫忙安置，過程當中受到非常大的阻力以及抗爭，他的太太說他們住在徐州路市長官邸，每天晚上都會被抗爭民眾來包圍抗議，那時候他都不敢回家。所以他受到的壓力，以及那個阻力之大，其實外界很難想像，但他還是展現他的決心跟魄力。同樣的中華商場拆遷，他也是碰到很多店家不斷的抗爭，不管是要談相關的條件，安置、拆遷之後權利義務等等，他還是展現他的魄力，認為未來中華路要呈現像林蔭大道的風貌。他說到自己能夠突破這樣的限制，克服很多困難，他說就是告訴團隊，「我的決心」。所以我一直記在心裡。

我想第二個，相較另外兩位對手（陳時中，黃珊珊），大家覺得說我是中央民意代表，國會議員現在要來參選縣市首長，但其實我們看到很多例子，包括藍綠都有，台中盧秀燕市長現在滿意度很高，市民給予很高的肯定，她在當市長之前，她是表現非常優秀的立法委員；賴清德副總統在當台南市長之前，也是問政表現亮眼的國會議員。國際的趨勢也是如此，我們看到很多主要大城市的市長，過去也都是問政表現非常亮眼的國會議員，不管是溫哥華、里斯本及哥本哈根等等，這些市長他們過去也都是擔任民意代表，了解地方的問題，為民眾解決。另外台北市也有例子，陳水扁總統，雖然我跟他的意識型態不同，但他在擔任台北市長之前，也是在立法院表現非常優異的立法委員，所以其實這是一個國際的趨勢，而這些主要城市的市長，他們都有一些特質：年輕、活力、創新，這就是台北市現在迫切需要的一個市長，帶領台北市真的國際化，站上國際一流大都會的行列。

李四端：所以你希望選民在評估候選人的時候，就要有你剛剛提出的年輕、活力、創新，包括曾經作為立法委員問政的一個經驗；那其他兩位候選人也會講，她不僅是立法委員，她根本就是行政首長啊，自己就在台北市做過，另外一位在衛福部做了好久也是閣員，難道在行政歷練上，他們會輸給你嗎？

蔣萬安：但更重要的是我沒有行政包袱，台北市其實擁有非常堅強的團隊，有最優秀的公務人員，我們不管在面對颱風、大水、急降雨，很多突發狀況的時候，我們有非常優秀的公務人員，以及知道如何緊急應對的策略，然而現在怎樣能夠發揮這些公務人員的能量，然後帶領這個團隊不斷的創新、突破相關的框架，擺脫許多行政包袱，我覺得這個是現在台北市民需要期待的一個市長。藉由這樣的一個市長，帶領這樣

「台北市需要注入活力、注入年輕的元素。
要有創新、多元、包容的思維，大步往前邁進。」

堅持的團隊，才真的能夠急起直追跟這些國際一流大都會並駕齊驅。

李四端：為什麼你會沒有行政包袱，而他們幾位有行政包袱？

蔣萬安：因為他們在公務體系這麼久，如果說今天很多台北市未來需要改善、需要建設的，其實你現在就可以做，或你過去這段期間就可以做。對我來講，因為有過去在矽谷的經驗，我有這樣創新的思維，而且我也看到了很多國外實際的案例，比如說我也提出未來台北市，我希望能夠舉辦國際一流的大型會展或大型的嘉年華，為什麼？因為我們實際去體驗每年在德州奧斯汀城市舉辦的「西南偏南」South by Southwest這個活動，它開始是一個音樂節，後來納入了電影、多媒體，納入新創、科技，甚至最近他們討論新創教育、環境永續的議題，它從一開始舉辦為期三天五天，到現在為期超過十天甚至二週，讓整個奧斯汀城市全面發展繁榮起來，讓大家都知道每年三月份西南偏南這個活動，國際所有關心這些議題的友人、重要人士都來這座城市。我希望未來透過這樣大型的會展、大型的活動，它帶動的不只是會展、產業鏈，周邊包括觀光、旅館、餐飲、住宿、交通、商圈全面帶動，這就是台北市身為首都它有這樣的條件應該舉辦。

李四端：委員其實你說的就是，台北市此時要有一個新的思維的人來領導，否則我們還會陷在同樣過去的渦漩裡面。現在選戰愈來愈接近，你的信心如何？

蔣萬安：很有信心，但跟我選過兩次立委一樣，不到選票開出來，你完全不知道結果，所以我們都是步步為營、戰戰兢兢、如履薄冰、毫不鬆懈，選舉到最後時刻會有什麼變數，我們不知道。

李四端：到目前來講，你看這是一場競爭很激烈，大家還在勢均力敵當中吧？

蔣萬安：這一場選戰當然非常激烈，對我們來講絕對不敢鬆懈。我想這一次的選舉，大家也看到，包括盧秀燕市長在兩個星期前也談到她參選過九次，但是她說今年的選舉卻是選風最惡質的一年，不管是媒體以及網路上面很多的攻擊都是不實的，抹黑、造謠，攻擊家人，甚至傷及到無辜的女性，我想這些都踩到了民眾的底線，這也不是我們願意看到的台灣選舉文化。尤其台北市民水準非常高，經歷過這麼多大小的選舉，大家其實期待的是一個正面的選舉，以及候選人端出市政牛肉、政策，大家好好討論，而不要透過意識型態或各種政治操作來惡意攻擊抹黑、抹黃或抹紅任何一個候選人。

李四端：我可以感受到，你的一個主軸就是年輕跟活力，而且求變！不過提到盧秀燕市長，我記得她這次也說了你有一個問題，就是你的問政風格困擾著你，事實上兩年前你來過我們時堂，當時我問過你「最該檢討的缺點」，看看你當時的回答——「有些民眾會認為我在問政上面太過理性，民眾給我的反饋是，他們認為我很堅持我的原則，但在質詢問政方式上面，應該可以更強硬，語氣、各方面用詞，坦白講我覺得民眾現在眼睛很雪亮，接獲資訊的管道非常多元、更方便快速，所以我認為我還是會堅持。」

兩年前的他跟現在有沒有什麼變？

石舫亘：長相好像沒什麼變喔。

李四端：可是他的回答裡面，基本上等於也就是否定我的問句，「他要堅持他自己」。這兩年過來雖然不斷有人提到這個問題，太過於理性，好像不夠犀利，然而你一直在堅持你自己是不是？

蔣萬安：我覺得就是做我自己，我不會為了要選舉或討好選民，而調整我的人設。

李四端：未來如果當上了首都市長的領導位置，大概他自己的堅持也不會改變，不會做一個很專斷的領袖人物。

石舫亘：他會繼續做他自己。

李四端：國家的下一代就是我們未來的命運所繫，你有什麼感覺？

石舫亘：我盡量在這個選舉的過程當中保持心情愉快，因為我們知道寶寶如果在媽媽肚子裡很愉快的長大，以後生出來的時候才好帶，所以其實我很謝謝萬安，這一次選戰即

蔣萬安親筆畫出一幅「愛的家庭」。

使壓力非常地大，回到家裡面，我們都還是一個非常和樂的家庭。同時間他在這段過程當中的成長，我相信不管是市民或全台灣所有民眾都是看得到的；我也很相信他剛剛最後講的，這次真的就是選擇什麼樣選風的一個選舉，我們這樣子的一個決定，確實就會關乎到我們下一代會有什麼樣的文化，我們是真的很需要有一個創新的思維。

李四端：你說了一個很重要的，此時此刻要給你一個最快樂的胎教，然後才能有一個幸福的下一代。所以委員，這一場仗是非贏不可了。

蔣萬安：當然，因為台北必須要改變。

李四端：我們期待選民在選舉那一天為自己做下最好的抉擇。並要祝福你們第三胎幸福，今天還有這幅畫，我們要好好珍藏。

（二〇二二年十一月）

線上觀賞

SCAN ME

陳藹玲：親子共視，增進親密關係

湯昇榮：兒少節目不能只用大人的視角

· 端哥開場

台灣兒少節目的自製率僅百分之八，在全球主要國家排名倒數第七！慘不忍睹的數字，讓富邦文教基金會執行董事陳藹玲忍不住替台灣的兒童叫屈，她說：「兒童節目是需要爭取的，但兒童弱勢，沒辦法說服大人給自己資源。我們關心兒童，就要動手去做！」陳藹玲把對兒童節目的關心化成行動。近年來與瀚草文創董事長湯昇榮以及許多影視業者聯手，共同推動兒童節目人才孵育計畫，製播了一系列台灣本土原創的新兒童節目。

台灣現在播出的兒少節目內容，多半是成年人的市場觀點，但是大人往往忽略了孩子們所看到的世界。湯昇榮說：「兒少節目不能只用大人的觀點，要讓兒童有發言的機會。兒童需要的是有啟發性的內容，讓兒童看完之後有新的想像。」

陳藹玲和湯昇榮聯手創立產製平台，以兒童的眼界看世界，更訴說兒童的心聲。陳藹玲說出她的心願：「這樣優質的節目，不只台灣的孩子們愛看，更期待所有家長們撥出時間陪伴孩子一同觀看，一同感受。」為台灣社會的親子成長繪出不一樣的新面貌。

李四端：每天我們看到非常多的影視作品，但其中最重要的應該就是為我們下一代努力的兒童影視作品。《登山總動員》是一個最新推出的兒童實境節目，已經在客家電視台以及MOMOTV播出。歡迎參與這次製作的富邦文教基金會執行董事陳藹玲小姐。還有瀚草文創的湯昇榮董事長，你這次也參與了一部兒少的電視影劇，叫做什麼？

湯昇榮：一開始我們徵案的時候叫做《中元大餐》，但是我們覺得應該要把它發展成一個IP，所以就讓它變成是《百味小廚神：中元大餐》，而且這個片子很幸運被今年台北電影節選上，還有第二部叫《午餐爭霸戰》，有兩個系列。

李四端：為什麼我們今天邀請兩位，尤其是富邦文教基金會從二〇一八年開始推動「兒童節目人才孵育計畫」，算一算已經五年時間了，你們是這個培訓計畫重要的成員，據說從將近三百個提案的劇本裡面，融合出了六套節目，《登山總動員》是其中之一。這個兒童節目人才孵育計畫是為什麼而起，你們是看到了什麼現象嗎？

陳藹玲：這是個很長的故事，基金會從一開始三十年前做的是青少年關懷。我們發現媒體環境，對於社會教育、青少年的影響、兒童的影響是非常非常重要的，但是我們在推廣影像教育的時候，有點驚訝這些影視節目大部分不是台灣做的，我們很在意孩子吃什麼東西，這個精神糧食如此重要卻都是國外的話，其實是滿令人擔心的。所以我們在找這些片子的時候，發現其實要從人才開始培育，於是五年前開始了第一階段人才孵育計畫。

李四端：你是有感於我們沒有自己的作品，所以需要人才的紮根。兩位理想中的兒童節目是什麼樣子？

湯昇榮：我小時候看的兒童節目是張小燕姐姐主持的《兒童世界》，那個節目在台視棚內而且還有小朋友坐在椅子上，然後她有帶動一些活動，中間一定會放一個卡通影片，概念跟想法比較簡單，陪孩子一段時間也好，給他們一些娛樂。到了我們自己的小朋友要看電視的時候，我發現我們做的東西他們都不能看，打打殺殺腥色羶、懸疑什麼的都有，脫離他們的生活比較遠。

小朋友現在的資訊太多了，爸爸媽媽又把時間排太滿。我們需要一個是對他們有啟發性的東西，引導他們有一些新的想像，娛樂當然是很重要的包裝，但是我覺得啟發更重要。

我常常在看日本做的兒童節目，他們可以用一個符號做出啟發性甚至是沒有說話放音樂，小朋友會有感受，節目創造的符碼跟使用的元素是平常在學校看不到的，我很羨慕他們。所以這十五年來我從客家電視台就開始規劃一些兒童節目，那時候我去了慕尼黑兒少影展，它是全世界歷史最悠久的一個兒少影展，來自全世界最會做兒童節目的人必須要在那三五天，每一個人都要坐下來看每一部片，每三五片都要大家來討論，它是非常紮實地去關心內容形式跟我們要闡述的主題。

陳藹玲：我覺得兒童節目是以兒童為主體，以他們的眼界來看世界、反映他們所看的世界，同時也訴說他們的心聲。我們過去比較不容易從這個角度去做兒童節目。

湯昇榮：我們都會從大人的觀點出發。我就是因為去了慕尼黑兒少影展，跟那些全世界做兒童節目的人在一起之後，他們每次不斷地提醒孩子在想什麼？孩子看什麼？我覺得這個是一個很好的視角。

李四端：台灣拍了很多實境秀，但這部《登山總動員》總共有十集，完全以兒童為主導，兒童自己決定他們要去哪裡冒險，他們去了很多地方，也有真的去高山，更好玩的走一半覺得走不下去的真實反應，真正表現出他們兒童的純真。這個影片完全用兒童的眼光去看他們自己生命中的探索。你看到在德國的趨勢是不是這樣子？

湯昇榮：對，全世界都開始注意到這件事，因為節目是做給兒童看的，所以你必須從他們的角度去看東西，讓他們有發言的機會。我看到非常多的節目，比如他們有個節目是所有小朋友像圓桌論壇一樣，去探討同志的事情、戰爭的事情，記得那時看到一部片是剛好日本發生海嘯，他們找了一群小朋友甚至連線日本的記者，你看兒童節目可以操作這種東西，立即連線記者說你們現在狀況怎麼樣？他們探討世界上的東西，完全幫小孩子去找出探索世界的心情，然後聽小朋友講話。類似這樣的東西不斷地提醒我們，以前都在做一個我們覺得小孩子應該學的東西。

李四端：大人的單面教學，只局限於我們認為小孩子一定要天真無邪的題材。富邦基金會在這五年計畫裡面，看到將近三百多個不同提案的劇本，你們最後怎麼挑選出來六套？

陳藹玲：其實是一個非常嚴謹的過程，一開始來的時候就是一個企劃的構想，很多人在執行之後發現未必可行，所以要有這些老師的互動與幫忙，一起帶著探索可行性。經過很多年的陪伴，我們必須說是陪伴，譬如像紀實短片影集《悄悄話》的兩位拍攝者是政大傳播學院的，我們過去作為一個支持的角度，不曉得真的跳進來之後，做節目的人才培育是要花很多資源投入的。

李四端：你們吸引了一些人有興趣來做，但後來發覺有更多的需要，需要成熟技術經驗背景的人來孵育他們。所以基金會的角色是什麼？

陳藹玲：我們希望做的就是一個平台，這個平台是能夠找到這些願意投入兒少節目製作的人，不管是前端、中端、後端，包括有錢的出錢、有力的出力，到最後產製出節目

「兒童節目是需要去爭取的。
兒童沒辦法去爭取自己的福利，我們關心的人就要幫他們做。」

來，希望要有人看，這個節目才能發揮它的影響力。

李四端：台灣真正在做兒童節目的，就以我們電視的播放時間來看的話不到百分之十，大概百分之八左右。也只有三分之一的頻道有常態性的播放兒童節目。你從這次的經驗看到，為什麼這麼多的人才他們有心，但是他們找不到任何的資源，這原因出在哪裡？

陳藹玲：市場上不是沒有需求，我們有這麼多的孩子，雖然孩子愈來愈少，但每個孩子都是更重要的，一定都會有新的世代出現。所以兒童節目一定有收視的對象，但是為什麼長期我們在看的都是沒有原創性，而且少了我們自己孩子本土的觀點。這是一個不可以用金錢取代的價值。我們很常講台灣的觀點很重要、本土觀點很重要，可是我們怎麼傳承？這是文化的根基，我們怎麼樣讓孩子可以接收到不是只有課本，現在孩子從媒體學來的絕對不會少於課本。

湯昇榮：我是覺得這件事情必須要謹慎的去處理，就是說我們生活裡面有很多事情是屬於台灣本地該有的一些樣子，透過節目製作，而不是直接買一個節目進來看到的都是其他國家的樣子。

李四端：你這次參與製作的《中元大餐》，它也是來自孵育計畫中的一個原創提案，你為什麼看上了這個提案？《中元大餐》算是戲劇，跟實境秀《登山總動員》又不一樣，這需要更大的投資了。

湯昇榮：這個片子它講述在清水的一個小朋友，他們在中元節的時候必須要煮一個中元大餐。現在中元節大家都是買現成的罐頭，可是片中他阿公告訴他，我們要有誠意啊，以前我們都用煮的，所以這件事情很清楚的把在地的生活樣態呈現出來。這個故事的兩個編劇原來只是大四的學生，我們看到這個題目非常喜歡而且它是戲劇，勢必要有人來幫忙，當然剛開始不太好推，因為我是孵育員嘛，我就自己跳出來做，幸運的是提案後找到非常多的投資者包括大的電影公司。

李四端：這部影片在今年八月要推出了，看到最後的成品，你覺得它足以能夠代表什麼樣的一個兒童作品在台灣？

湯昇榮：我覺得最大的意義有兩個，第一個當然就是孵育，剛剛一直講到人才的事情，這兩個編劇從寫完、拍完，到當兵都結束了。然後他們也願意繼續投入兒童戲劇製作，這個對我來講最重要。我們從小朋友的視角去做一個有點奇幻的故事，《哈利波特》當初它也是一個奇幻故事，從書到ＩＰ到全世界的人都買單這件事情，它其實有一個過程。就是啟動這個過程最重要，所以這個意義在於，我們啟動了這件事情，我們找到了一些人願意投入。

李四端：你們在這些作品裡面，看到什麼在地元素是在其他的國外影片看不到的？

湯昇榮：像宮廟，還有總舖師，都是別的地方沒有的。它也展現出上一輩人對於往生者的尊敬，透過食物來跟他們交流，這是台灣社會獨有的風俗。我覺得這個是在地到全球的概念，對全球來講的一個我們的獨特性，然後用一個很好的拍攝故事來跟他們溝通。

李四端：富邦推動這個計畫已經有六部作品，我們現在看到有實境秀、紀錄性影片、戲劇性影片，這代表的是你們要朝向多元方向發展？

陳藹玲：因為剛好找到這幾個不同型態的好劇本，剛好有這樣子的精神一起帶出來，所以這個也是一個很棒的時機。

我記得有次跟家人去吃飯，餐廳老闆說你們做的節目《翔去打獵》做得很好。我說為什麼？他就說因為他的孩子是都會小孩，從來不知道有人是這樣生活，他在OTT上面看到覺得對小孩子來說是開眼界。這在過去不容易有機會特別看到，但很自然的情況下收視而且很好看，同時讓孩子知道世界是這麼的大。我們希望給孩子的就是這樣新的啟發。

李四端：這裡面看到的元素包括娛樂，你也希望能傳遞一個新的眼光、觀點與知識，對你們來講到底哪一個最重要？我們希望這種新的兒童節目能夠誕生，要給他娛樂還是給他知識，這兩者真的能夠平衡得好嗎？

湯昇榮：我剛剛提到慕尼黑的影展很棒，就是說所有的影片看完以後，在場的每個人可以投票，有趣的是它會有專家學者的投票，還有一個最重要的它有小朋友的投票，透過機制有青少年兒童獎什麼的。他們還有一個很有趣的方法，這個片子它會送到全世界不同的國家去，送到土耳其、送到美國給當地的孩子看，他們也可以票選他們覺得好的東西。最後再把這個東西放到平台上，這幾部片子是這些小朋友票選最好的，看看跟專家學者一不一樣。你就會發現這是非常有趣的一種探索跟辯證，中間可以知道孩子們看的東西確實是跟大人想的不一樣，所以是不是給兒少們自己可以走的方法，我覺得不管是全世界的教育學者或是在兒童節目製作上面，大家會開始去轉向這個方向。

李四端：將來你這個團隊裡面是不是也應該有兒童來加入？

陳藹玲：在作品完成的過程當中，我們會帶到學校去，讓學校的孩子一起先看，請他們批評，其實在成品之前就已經過孩子自己的檢驗了。孩子來當評審他還會提意見，對於這個意見就會真的去修訂。

李四端：《悄悄話》今年也在電視螢幕上播出了。它紀錄的是在台灣八個不同地點的兒童們的生活狀況，透過他們的眼光看到很多生命真實的故事。花了四年時間拍攝，跟隨八組的人員到高山、海洋、偏鄉，無非就是要進入兒童的眼光看這個世界，其中有不是很快樂的、也有挫折的、也有受傷的，這個影片花這麼多的時間，我看到最後拍攝人員感慨說兒童節目真好，但是他們覺得一直找不到資源。你們覺得台灣今天怎麼去提供更多的資源給兒童節目？

陳藹玲：我們一直希望能夠呼籲，就是孩子一代有一代的新生命出現，其實只要做得好，這一套影片可以不斷地回味。這種兒童影片不僅給小孩子看，基本上是全家可以看的。我相信這絕對會有市場。

李四端：我們應該趁機把這個事情說清楚，兒童節目不是只給兒童看的，甚至不應該只有兒童可以看。

湯昇榮：我覺得一定有市場，只要我們做得好，它不只是在本地而且全世界都可以去推。就像我現在在做的戲劇或電影一樣，我絕對不會是做完之後只想行銷到台灣而已，我一定會往外走。北歐這些國家或者澳洲，他們做的兒童節目都是行銷全球的，他們一定有一套思維，我做這個東西，我可以走的地方更遠，而且可以得到一個好的回收機制。當然沒有錯，這種東西必須要有資源、人才，還有內容的想像，這三點最重要，我們台灣這些東西都不會缺乏。而是我們怎麼集合這個力量往前走，把該有的人結合起來。

陳藹玲：是先有資源還是先有人才，因為就算是培養好的人才也需要資源，要有能夠投入的願景，有熱情的人來一起串接，因此現在富邦基金會就是希望能夠做一個平台。但絕對不能夠只有靠基金會，我們希望是有志一同，甚至也很需要政府的協助，譬如在政策面好了，現在有那麼多的頻道、OTT、有線電視無線電視，大家可不可以稍微撥多一點時間來投入這樣的市場。

李四端：以現在的無線頻道是有規定的比例，在績效或你的驗照過程當中是有獎勵，但你覺得還不夠？

陳藹玲：我覺得大家沒有把它變成一件很認真的事情在執行，否則不會出現不到百分之八這個數字。我小孫子才二歲，每天給他十五到二十分鐘左右看電視緩和一下他的情緒，很容易會轉去Netflix、YouTube上面，還有Disney+，一轉都有一個兒童專區，我們鼓勵爸爸媽媽共視。

李四端：未來兒童節目，你覺得有哪些方向可以走，可以讓年輕人或有志投身的人去努力的。

湯昇榮：很重要你就是要做幾個成功的作品，讓他們知道說我們是辦得到的。我這幾年剛好有作品在Netflix、公視很受歡迎，像《火神的眼淚》、《模仿犯》、《誰是被害者》、《我們與惡的距離》，這幾部都因為ＯＴＴ應運而生的時候，我們做到了，ＯＴＴ改變了觀賞的方法，你可以選擇什麼時候看，你可以快轉、跳轉或是棄劇，你還有幾萬個選擇在上面。兒童節目也是，如果這個平台已經是我們生態鏈中一個重要環節的時候，我們要提供足夠的題材給他們。以Netflix來講，它確實有兒童頻道，可是你看裡面全部都是國外的節目、卡通，完全沒有一個台灣的可以選擇。MyVideo還好，因為我們有努力地把我們做的節目放在上面，還有精選一些比較不同觀點的，不會只有動畫，這個是我們現在做媒體實際的執行者可以操作的。

而且這是一個長期的東西，它不是兩年就可以看到成績的。一定是三五年、十年才看得到，大家都要有心理準備，它必須從人才，投入的資源，還有內容的多樣性，這一定是需要力量一起來操作才行的。

每次看《悄悄話》我都哭，這個東西讓我非常感動，像這種節目為什麼不做呢，我覺得有市場，而且我就會努力希望能夠讓更多人看到他們。

「這樣優質的節目不只台灣的孩子們愛看，
更期待所有家長們撥出時間陪伴孩子一同觀看。」

李四端：這次推出的兒童節目作品，某方面說明了它不能速成，它不是廉價的橋段，有別於過去對兒童節目的理解。你覺得碰到每次像人家講兒童節目的時候，潑的最大冷水是什麼？

陳藹玲：就是大人很現實。我們才剛剛辦完一個國際論壇，叫做「Momo Mini影視兒童節」，有挪威、澳洲、加拿大的兒童節目工作者來台。我們希望了解一下，他山之石可以攻錯，但發現他們雖然比我們早走了兩三步，有一些成功的心得分享，其實他們也都在努力當中，不管這個人已經八十歲了，或四、五十歲還在工作崗位上，他們都發現這是一個全世界的現實：就是兒童節目是需要去爭取的。你要去說服、要去爭取，兒童比較弱勢，他們沒辦法積極或者是聲量比較大的方法，去爭取自己的福利。我們關心的人就要幫他們做，這就是我們今天想要扮演的角色。

湯昇榮：我們是想努力建構一個市場的可能性，富邦文教基金會一直在做，甚至跟公視合辦兒童影展，兩年辦一次都是秒殺。

陳藹玲：真的推出沒多久就賣光了。很多老師跟家長陪著孩子很積極地一起參與，除了共視欣賞之外，還有很多的互動。

李四端：如果我們不去做這件事情，台灣的兒童繼續看一些所謂廉價節目，你們覺得看到的局面會是怎麼樣？

陳藹玲：我們很期許下一代是「世界人」，國與國的分界不是那麼明顯，但是回到你要做一個世界人之前，你一定要有一個出發點，那就是對於自己的認同跟了解。所以在探索你自己是什麼、你要什麼、你會成為什麼，一個嚮往的過程當中，你需要一些參考的價值觀，這些應該就是我們從身邊開始所提供的。

李四端：還有一個更重要的理由，也正是因為OTT的興起，他們有太多選擇，我們若再不去爭取他們的視覺跟關注的話，真的就形同放棄了。

湯昇榮：我舉一個例子，韓國的BLACKPINK、BTS為什麼他們可以做到流行全世界，其實在OTT串流很重要就是YouTube這個平台，觀眾隨時都可以上去看，幾十億的點擊率就是來自於大家很自然地打開，韓國文化的擴散性透過這些OTT平台找到他們自己的位置。你知道現在全世界點擊率最高的一首歌叫做〈Baby Shark〉，是一首韓國兒歌，因為流量很可觀，YouTube馬上再做了一個叫YouTube Kids專攻兒童，讓你們在這邊看個爽，大家就開始上傳各種影片上去，因為YouTube是一個世界的免費平台，孩子們最簡單拿了手機就是看YouTube。

韓國現在是最厲害的，它現在從學齡前兒童做起，大量製作學齡前兒童的節目。這些兒童只要跟著韓國一起成長，當他們到青少年稍微大一點，未來就是廣大的韓國文化的追隨者。這是他們整個大策略下的東西。

陳藹玲：這就是台灣缺乏的很重要的一環，包括從上到下。

李四端：其實有很多可以做的事情，如果你把資源都整合起來的話，兒童的世界就是未來你看到的世界。

湯昇榮：是啊，韓國用他們的策略、戰略，三十年前花三億美金投入了夢工廠，三星就投入這個公司，開始一步一步走，他們現在回收了。

台灣現在發展ＶＲ，全世界發展ＶＲ停滯，可是台灣文策院推ＶＲ推得非常好，也確實我們在全球的影展都有收到一些好效果。每次參加ＶＲ的時候，台灣的作品一定會在中間占有名次，就是因為我們以前有ＶＲ廠商願意去推動這件事情。我覺得兒童節目是不是也有機會，我們有沒有辦法有想像力去整合資源跟推動方法，現在有一個基金會推動，政府基金能進來，或是我們再繼續做孵育計畫，一波一波的人力往前走，有機會啊！

我覺得做兒童節目的時候，你會看到自己最善良的一顆心。因為你不會想做殺人的東西，你永遠從人類最簡單，最單純的感情去投入。你人會變得不一樣，所以我們看這些所有做兒童節目的人，每個到了五、六十歲，七、八十歲還在做的人，他們的人格跟特色永遠在感染別人，很真誠。

李四端：看了這次作品《悄悄話》、《登山總動員》，我的感覺就是當你心雜亂的時候，它會觸動你生命中最原始的那種純真感。所以我想問，你在商業市場上有無限的可能，但兒童節目，你願意投入多少的力量？

湯昇榮：只要富邦文教基金會的這個節目繼續進行，我說我永遠會參加，再忙我都會參加。

陳藹玲：我很謝謝湯哥參加我們這個團隊，他們就是完全不計代價來投入，不管自己的事業有多忙。但是剛剛一直講的絕對不是只有我們，或是我們這個團隊，我相信在我們看不見的地方，台灣絕對有很多人想要一起投入。這個「我們」可以更大更多，希望更多的人來。

湯昇榮：即便我不做其他的東西，我還是會願意做兒童節目，今天談的所有東西都可以感受到我們對這件事情的重視，因為你知道很多事情做到後來，你會回頭想說：我到底要忙什麼、到底目標是什麼；而這個的推動是充滿意義的，它真的是一股力量。我還會回想自己小時候看到兒童節目的那種感動。

李四端：今天我們談的其實要讓大家了解這個工作的重要，也希望大家去看已經推出來的作品《悄悄話》、《登山總動員》。兩位今天既然坐在這邊，一定要告訴我們，作為一個觀眾，作為一個家長也好，對兒童節目的未來下一步能做什麼？

陳藹玲：我覺得就跟孩子一起看吧，不要把電視遙控器或者iPad直接交給孩子，你可以協助他，跟他一起看不管他選什麼，他可以主控，但是在這種共視的過程當中，你可以跟孩子培養親密關係，互動關係與話題。你也可以知道他被哪些節目所吸引、被影響。這些東西都會增加你們生命的交集點，我覺得這是一個非常重要的生活小事，但絕對會影響關係，變成關係中的大關鍵。

湯昇榮：你會幫孩子挑早餐、晚餐或是衣服，這些都是生活物質上的。記得一定要花時間去幫孩子挑他們的精神跟成長的食糧，這是一個引導。他們絕對有主動權，現在孩子也希望他們自己有主動權，可是引導、陪伴跟選擇，是我們可以協助他的。

（二〇二三年六月）

線上觀賞

SCAN ME

劉兆玄：我不追求自己喜歡做的事，而是喜歡自己做的每件事

· 端哥開場

「行政工作若能做到七成的人滿意，就不得了了。」前行政院長劉兆玄回首擔任馬英九總統的第一任閣揆，他說：「施政不可能做到百分百，若要求百分百完美，能做的事情就愈來愈少。」目前身兼兩岸企業家峰會理事長的劉兆玄，最關心兩岸和平，希望經濟不要倒退。

劉兆玄的人生經歷豐富多采，生涯中在各種身分角色中轉換自然而且自在悠遊，他既是武俠小說作家「上官鼎」，也是知名的化學學者。擔任過清華大學校長，歷任交通部長和行政院長，現在是中華文化永續發展基金會董事長。經歷恁多頭銜和重責大任，劉兆玄心有所感：「我不追求自己喜歡做的事，而是喜歡自己做的每件事。」擇我所愛固然重要，但愛我所擇，做好每一個當下，更是劉兆玄快樂的祕訣。

年過八十，劉兆玄面對夕陽人生依舊樂觀，他說：「夕陽無限好，尤其近黃昏。」就是這分對生命的坦然，讓劉兆玄的生命光芒愈加璀璨耀眼。

李四端：「中華文化永續發展基金會」成立已經有七年了，今天出外景到這裡來拜會基金會的董事長劉兆玄。

劉兆玄：我在「中華文化總會」的時候（二〇一〇至二〇一六年，首位非總統會長），我就想到總有一天會離開文化總會，我還希望做很多有關中華文化發揚的工作啊，所以到民間來做。中華文化永續發展基金會在做「王道永續指標」，有關永續發展目標是聯合國支線最重要一個工作，現在所有永續發展的指標通通是用西洋人的眼睛來看。

李四端：就像我們談企業的ＥＳＧ（評估企業在環境保護、社會責任和公司治理的表現指標）。

劉兆玄：對，但是在中華文化裡面有很多養分甚至先見之明，卻沒有能夠呈現在一個可操作性的系統，其實我們老祖宗早就在提這些事情，然而我們只是講講論述而已。你要有一個可操作性的東西，我們就建立指標，這是其中工作之一。另外，說起來台灣這幾年有點去中華文化，我們透過傳媒做了一些這方面的補足，製作YouTube、Podcast節目。

李四端：你說自己的辦公室小，這個任務可是很艱鉅而重大。

劉兆玄：Job is so great，但我們能做的東西so little。

李四端：在院長辦公室，我觸目所及的是眼前這三幅畫，你自己本身是一個喜歡畫畫的人，這個畫畫的歷史從什麼時候開始？

劉兆玄：很小的時候，可能小學還沒有畢業就開始。這幅是一九五九年的畫，就是我十六歲高中時候，這個是從北投步行有一些路可以走到陽明山的途中，地點現在再叫我去找不一定找得到了，你看那時候台北空氣多好？

李四端：沒有汙染，也沒有什麼建築物，我相信現在恐怕都有建築物蓋在那邊，那時候這幅畫居然沒有得獎？

劉兆玄：沒有，我沒參加過比賽。

李四端：你十六歲的畫筆表達的意境，我覺得你是一個胸懷大志的人。

劉兆玄：我畫到大學畢業出國以後就沒有再畫了，再一次提起筆來畫畫是在一九七三、七四年，你看左邊那幅是早年的清華校景，七〇年代學校根本沒有什麼建築物，就有個湖嘛，我剛剛加入清華的時候學生還不到一千個人。

李四端：你從加拿大念書回來，然後去了清華大學。

劉兆玄：後來畫了一兩幅以後又停了，再一次畫的就是中間這幅二〇一七年日月潭風景，一個原住民的朋友在釣魚。當時我不知道第一筆怎麼畫，都忘光了。

李四端：我注意到書櫃上一張老照片，可以回溯你作畫的歷史起源吧，你幫我們解釋下這張照片。

劉兆玄：這是我初中時候學畫的照片，旁邊是幾個師兄妹在臨摹水墨人物畫。那時候學的不是油畫，站在後面是我們的梁又銘老師，他是很有名的畫家，我們每個禮拜天去他在景美的家畫畫，留下這張非常珍貴的照片。

李四端：這一段藝術的日子雖然斷斷續續，對你一生的影響是什麼？

劉兆玄：很大的影響，不只是畫，梁老師對藝術執著、待人做事什麼，他對我來說就像父親一樣，印象很多。

李四端：這邊一大落手稿，我終於目睹真跡了，這完全是你一個字一個字埋首寫的。

劉兆玄：主要是因為我打字太慢，我寫的比用鍵盤快。

李四端：你出的書都十萬字以上耶！

劉兆玄：是的，《王道劍》九十萬字。

李四端：很多人都好奇你應該是一位政治家，可是在這辦公室裡面看到這麼多的文學，你從高中便開始寫小說，如今又重新執筆寫了很多武俠小說。

劉兆玄：其實我從政時間很短，真正從政應該是一九九三年做交通部長開始，在那之前的話曾經去過幾次國科會，都是一種借調的性質，因為國科會需要一些對於學術比較懂的人來處理事情，就會比較符合學術界的需求，它服務的對象很特別都是做研究的人，如果全是普通官僚的話，這事情不容易做，所以我抱著這樣的心情就去服務幾年。譬如當時正好是台灣任何好一點像樣的儀器都買不起的時候，我去那裡就成立了貴重儀器使用中心，大家都可以去用，不是只給某個實驗室或者一個大學，哪個大學接受這個就有義務要把它運作得好，要讓所有其他人都可以用，這個制度就嘉惠全國的科技界。

李四端：到今天來講哪一段的生活日子，你覺得最滿意？

劉兆玄：在學校，尤其是清華大學，遠離塵囂像個洞天福地，在那裡面讀書、做研究、帶學生。我是一九七一年到清華做化學系的副教授，那一年我二十八歲。

李四端：學術還是你的最愛。你是最年輕的副教授。

劉兆玄：那時候是，現在可能是最老的了。學術我喜歡，那個環境我喜歡，師生互動我喜歡，跟年輕人在一起教學相長我喜歡。

李四端：你小時候又學美術又喜歡文字，你寫過我的志願是什麼？

劉兆玄：我其實沒有什麼志願，因為我好像想做很多不同的事情，也沒有哪一樣事情是我最喜歡去做，但是我後來慢慢瞭解，養成了一個想法：我不去追求自己最喜歡做的事情，而是去喜歡自己做的每件事情。這個差別在哪裡呢？你喜歡那件事情的原因，是因為你把它做好了。追求自己最喜歡的事情，其實對大多數人來講沒有答案；也許知道自己最不喜歡的事情，但是最喜歡的事情大部分人不知道。與其苦苦去尋求這個東西，不如把你手上每樣事情做好以後，結果你這一生都是在享受做你喜歡的事情，你的喜歡來自於成就感。

李四端：很多人說武俠小說跟科學似乎有一個很大的距離，武俠講究很多想像。但你是念科學，又是一個務實的人，這兩種性格差異，你是怎麼平衡的？

劉兆玄：它有同有異啊。我先講相同的地方，其實都需要創造力，都需要能夠有一些跳出框框的想法。它有很大的不同，就是科學最後要講究實證的部分，武俠小說不需要，後面的一部分就變成文學了，它就不是科學了。

李四端：現在科學界大家談論的AI話題，AI科技可能取代很多東西，它能不能夠取代你作為一個武俠小說寫作人的角色？

劉兆玄：我想它可能取代我，但不能取代金庸。它可以做很多水準以上的作品，包括文學、藝術很多東西，但是真正最頂尖的部分，至少我現在看到的AI是做不到。

李四端：你剛剛講最喜歡的是學術，但是後來進入政壇做了交通部長，你那時候怎麼看待這麼政治的一個角色任務？

劉兆玄：我那時候也不見得特別喜歡政治啊，在那個時代政府經常從大學校長裡面取才，我就是在連戰組閣的時候，他希望我去擔任交通部長，我剛好大學校長六年期滿，那時候也是一個抉擇，繼續回去做學術，還是因為自己也累積了一些行政經驗，是不是可以在行政上面再上層樓？我不是一個很難做決定的人，就是有一個機會好像可以試試看就去了。

這一去當然就像是一個不歸路，因為做交通部長要全力投入。不像在國科會你每天接觸的還是學術，甚至一個禮拜有一天可以回學校上課，我手上還有好幾個博士班學生，我就一個一個拜託其他的老師，讓他們去改題目了，我就離開了。這離開大概就是七年，到二〇〇〇年政府換執政黨。那時候學校又重新給我講座教授，可我教書做了一年，我覺得不應該再占住這個位置，應該給年輕人來做，就辭掉了，我就專心去做自己喜歡做的事情。

李四端：你那時候覺得政治這個事情符合你自己的興趣嗎？

劉兆玄：那個時代我們去做政府做的事情，其實是一半「政治」，更大部分其實是推動「行政」工作，因為那個時候都是技術官僚啊，從李國鼎、孫運璿以下都是這樣。比較小的那個政治部分，我比較不熟悉也始終不覺得很舒服的部分，就是我可以跟它共存，而行政的部分能夠推動一些事情，那是我喜歡的。我甚至覺得跟在學校裡面做研究的差別沒有那麼大，因為你要去瞭解一個問題，你要從研究開始，甚至於先做試驗，成功以後再去推廣。那些過程跟你好好做個研究工作其實有相通之處。

李四端：你在交通部長任內，大家記得推動最多的應該就是電信自由化，這是一個很重要的指標，你後來有跟當時來訪的柴契爾夫人見過一次面？

劉兆玄：正好在電信自由化的所謂「電信三法」要修法那天晚上，我在立法院辯答到很晚，剛好那時候退休的柴契爾夫人接受連戰先生的邀宴，我也是陪客，但是我晚到了。我遲到了以後，連先生把我排在柴契爾的隔壁坐一起，然後我們就發現彼此都是念化學的。她說很奇怪，我認識很多學化學的去做行政，都做得非常好，我想不通為什麼會這樣啊？我就想了一個答案給她：因為從小我們養成訓練的時候，就養成了我們會非常滿意於百分之七十的產率，如果做的每個實驗都有百分之七十的產率，我們就會高興地躲起來偷笑。她說這個說法非常好，我要去用你這個話，你有沒有什麼著作權？我說沒有，妳是大人物請盡量去講。

李四端：這話好像跟你提到凡事不求完美是相通的，百分之七十就足以讓你覺得可以奮心地投身於它。

劉兆玄：因為你做的事情會愈來愈複雜、愈來愈多，假設你要求接近完美的話，你能夠做的事情就愈來愈少，你要把事情做到百分之百這樣子，你可能一輩子一件事都做不完。可是你現在要做行政工作，不敢說日理萬機，可說每天都有新的很多很多事情要做，假設你每樣事情都做到七成的人滿意，不得了呀！

李四端：七成的人滿意真的是不得了了。作為武俠小說的寫作者跟政治人物相通的部分，你講到一個創意，所以說政治人物的創意是不是非常重要？

劉兆玄：政治人物有很多種，你要做一個政治家，我覺得創意部分很重要。因為那裡面你會做出一些有益於大家的創意，這個是來自於你的靈感。

李四端：你後來的政治生活，包括二〇〇八年馬總統當選後第一任組閣的院長，你回想曾經發揮的創意？

劉兆玄：我就回到交通部來講，那個時候我們正推動全國最重要一個主題的策略就是亞太營運中心，亞太營運中心一共分為六個中心，其中有三個是交通部在做，空運、海運、電信，怎麼樣把這些東西能夠從原來陳舊的框架中，用新的方式去把它推動，每個地方都需要多多少少的創意，其實那個時候我們已經做到了。譬如陸運，高鐵已經在推動，十二條東西向快速道路的推動，你先停在那裡動不了，你要想辦法做啊，把它推動，包括電信自由化，海運我們做到境外轉運中心，高雄遠比上海的港大，也都做到了。

空運中心，那時候我們已經把UPS（聯合包裹）跟FedEx Express（聯邦快遞）都拉來願意到中正機場，現在叫桃園機場，做他們的亞太中心，我們離達到只差一點點時，「戒急用忍」出來，全部沒有了。那些國際的跨國公司要利用台灣作為一個中心來進入到大陸市場，這個一斷了以後，對連戰先生恐怕是很大打擊，那是他做閣揆院長最大的一個計畫。

李四端：你剛剛講的這些範圍，跟你在接任這工作之前的學術背景完全沒有相關，你怎麼去瞭解通訊、電信、商業、海運、空運？

劉兆玄：要學，要很快的能記住，這個本事一定要有。講個好笑的事情，連戰面試我，叫我到外交部對面的台北賓館，他說劉校長我想請你擔任一個重要的任務，我心裡面想不是國科會就是教育部，這跟我專業有關，結果他說是交通部。是不是因為九點鐘他已經腦筋昏了，我就再問他，你說什麼？真的就是交通部，因為他幹過交通部，他講了一大堆交通部裡面八大行業。

李四端：不是社會上講的八大行業。

劉兆玄：主管公路、鐵路、海運、空運、郵政、電信、觀光，還有氣象，我心想這怎麼能管，連颱風來了都要我管，這個不行，我就跟他說這個不行。結果連先生話鋒一轉：你好像是附中畢業的對不對？我說是啊。他說附中校歌裡面說「附中青年絕不怕艱難」！這很好笑，反正就是這樣，後來稀哩呼嚕就接受了。

接受以後怎麼樣能夠最快的學？因為馬上接著就是質詢，每天質詢把你大部分時間都占據掉，我就利用剩下的時間到每一個單位裡面去，非常認真的聽他們簡報，開始通通做筆記。聽他們講，幾次以後我就可以提問題了。再下去，我就可以做建議了。所以這樣我就差不多了解業務了。

李四端：你那時間不超過一兩個月，你馬上就要做決策的？

劉兆玄：你不做到這樣不行啊，你不能做一個部長到立法院去一問三不知，每樣事情遞一個條子來看看，這個不行啊。

李四端：你剛剛講的這一切靠的都得極短時間完成，你利用時間的能力是怎麼訓練出來的？

劉兆玄：我很會利用時間，一個原因是我可以很快的轉向，專心於另外一個事情。本來我非常專心的處理這個事情，停下來的時候，我就處理另外一個事情，有時性質非常不一樣，也能夠就非常快的進入情形。

【VCR】兒子劉正豪：

他做一件事情的時候，他會很專注很投入，所以他重新開始寫小說的時候，那段時間幾乎就是不停地一直寫。

【VCR】女兒劉正薇：

我覺得我爸爸是一個不論在做什麼事情，做事非常認真的一個人。包含聽我媽媽講，以前他們在國外念書的時候，在加拿大迷上曲棍球，他就是在廣告的時候看書，但是他看書的時候就可以非常認真，所以他其實是一個很會利用時間，很精準的一個人。

這個個性即使他後來從政，到現在幾乎都沒有變，還是非常的有意思。像前幾天我才打電話，問了他一件事情，然後他就跟我說整個事情的始末，說了半天之後他就說好不好聽？我說好聽啊。他說我剛是騙你的，我現在開始跟你講真的。其實我們已經講了十分鐘，我聽得津津有味。從我打電話給他問那件事情，他就開始編，他其實就是這樣子很有意思，所以我們小時候最喜歡叫他講故事。

李四端：你的家人說你非常喜歡講笑話，很幽默？

劉兆玄：有一點，你看這本小說《變法》，很多人看的第一個感覺就是很幽默。把那些政治人物寫得那麼幽默，政治的事情居然可以這樣子發展，非常非理性但是很好笑。

李四端：我覺得你有兩個宇宙在你的腦海裡面，理性與非理性，幽默與嚴肅，創意與務實，是不是？

劉兆玄：確實你講的這些特質我是有啊，但就是做一些事情讓自己愉快，我從來沒有去想一定要做一個成功的人。成功這個東西，教我畫畫的老師在我很小時候告訴我，成功意思就是比上不足比下有餘，總有一定比你更好的，不要特別去想這個事情，就是做到自己覺得滿意，然後開心最重要。

李四端：你在當院長的時候，碰到很多反對政治勢力的人，對你的挑戰、對你人身攻擊怎麼辦？

劉兆玄：有一點就是我比較敢反擊，所以有時候對方比我更氣啊，經過我回他一句以後，他更氣，這樣我就紓解了。

李四端：我們現在看到不少政治人物也很會這些言詞交鋒。

劉兆玄：但是我那種跟現在截然不一樣，現在我看某個行政院長他就是在鬥嘴了，我們從來不是鬥嘴。

李四端：那有沒有可能也妨礙到你在過去從政上面一些可能的成就？

劉兆玄：我其實在瞭解這些東西之前，更早我就已經離開了。我覺得我選擇那個時候離開很好，就是八八風災小林村整個滅村了，挑起政治責任離開，我覺得是我很有智慧的一個選擇。

李四端：你當時覺得是不是一個很深思熟慮的決定？

劉兆玄：是，我在下南部去救災的時候就已經決定了。

李四端：我記得你在書中也不斷提醒，作為一個現代民主政治家，最重要的就是要懂得節制，節制自己所掌握的權力，責任應該更重大，這兩者你都做到了。

劉兆玄：我不敢說啦，但是我確實覺得很重要。

李四端：你怎麼看我們民主的未來？

劉兆玄：台灣的民主有問題，因為它太多操作上面的東西，權謀的東西愈來愈進步。我覺得很多地方其實領先美國，美國很多人現在學習台灣。

李四端：權謀方面嗎？

劉兆玄：就是選舉的策略，選舉的花樣這種東西。我們台灣人就是這方面比較厲害啊，但是能夠解決真正我們最大的問題，事實上著力的不夠多，也許需要多一點技術官僚，高級的技術官僚來協助。因為你現在都是選舉啊，從地方開始選舉一路上來，你要改變這個形式不大可能，但是在這個事務官裡面，要有一些很高明的、聰明的、有責任、敢做事這樣的人來做，政客讓他們去玩了，但是事情一定要去做。現在我擔心的是，在事務官裡面如果也是這樣子逢迎拍馬，沒有能力的人上來，文官制度如果也這樣子就破壞了，這個久了就更困難，我聽到很多部會有這樣的抱怨。

李四端：院長你現在作為兩岸企業家峰會理事長，推動兩岸經貿合作這些方面，此刻你自己最關心的是什麼？現在奉獻自己心力最大的是哪方面？

劉兆玄：我之所以願意擔任兩岸企業家峰會，當然最關心的是兩岸和平，最主要是兩岸的經濟不要倒退了，不然的話，我可能也不見得對這個工作有興趣，花不少時間。我們是個民間組織有很多侷限，我也知道這些侷限，就在這個樣子的範圍之內，我們經常希望能夠做一些事情。

最近這段時間，全球政治或所謂地緣政治的原因，產業鏈被打亂了，兩岸之間過去有一個可以說是操作得很不錯的產業鏈，現在也有點亂了，加上形勢也變了，比如說大陸以前是以外銷為主，那時候我們企業到那邊去就是幫助他們做外銷的東西，現在他們變成雙循環，以內需為主的時候，我們打不打得進去，假設打不進去了這個產業鏈就斷了，要怎麼重新建立我們的優勢，你知道我們有護國神山是很了不起啊，但其實在這個產業鏈，尤其在一個重新建構的產業鏈裡面，很多地方台灣有亮點，我們怎麼把自己東西串起來，在一個新的產業鏈當中讓它發揮。以前我們只是

「八十歲未來還有很多事情可以做，
夕陽無限好，尤其近黃昏。」

一個平台準備交流，但是我現在要求我們的同仁，努力地推動一切，除了平台作用以外，在我們所相信的這個方向，推動一兩個專案作為樣板，讓它做成功，眼見為憑，那會朝著新的方向走。

李四端：作為一個台灣過去這麼傑出的學者、政治家，整體來看你對未來是樂觀的吧？

劉兆玄：我永遠樂觀的。

李四端：但台灣自己要最重視什麼？

劉兆玄：我覺得現在目前來講，對外最重要的是要和平啊，對內經濟要有轉變，還有一個我最近比較有感，也許是看了新聞受的影響，我覺得治安問題之於內政的話很重要，要讓老百姓覺得過得安全，我這安全是廣義的。

李四端：我想你的話大家都聽進去。那上官鼎還會繼續有小說嗎？

劉兆玄：《王道劍》被我女性的好朋友批評，說我根本不懂女人，我就很生氣。第二本叫做《雁城諜影》，裡面主角全部五個女生。結果給她看完了，她說這種事情啊～質重於量。

李四端：哈哈，這就是你的幽默。院長今年過八十大壽啊，祝院長生日快樂，八十歲的願望是什麼？

劉兆玄：八十歲的願望，我填了一闋詞：「壯志雖平豪情未滅，今之八十休言歇，前程多少疾風雲，盡成佳句方能別。」（調寄《踏莎行》八十兆書）古時候的人活到七十歲的少，七十古來稀啊，那麼現在八十的話，可能很多事情才成熟，未來還有很多事情可以做，我跟童年的這些同學們大家共勉了，就是還可以做很多事情。李商隱寫「夕陽無限好，只是近黃昏」，那麼我寫的是「夕陽無限好，尤其近黃昏」，愈後來愈美麗！

（二〇二三年七月）

線上觀賞

SCAN ME

雲端食光
端哥上菜

在大雲時堂不只有風趣的人物，
和酸甜苦辣鹹佐餐的人生故事，
還有一道道美味料理，
邀請您欣賞菜色集錦。

· 木瓜燉雪耳

· 紅龜粿

· 白果紅燒肉

· 雪菜百頁

· 善心待用麵

· 滷肉飯

· 苦瓜鹹蛋

· 絲瓜蒸午仔魚

· 香蒜中卷

· 鯧魚米粉

· 紐西蘭鮑魚

· 黑鮪中腹壽司

· 近江和牛黃身丼

· 韓式辣炒春雞

· 風味牛百葉

· 燻鮭魚慕斯可麗餅

· 美國牛排肋眼上蓋肉

· 義式地瓜麵疙瘩搭白蝦

· 清炒中卷

· 鵝肉冬粉

· 三寶飯

· 熱豆花粉圓

· 義式馬鈴薯蔬菜麵疙瘩

· 無花果沙拉

大雲時堂的成長軌跡

2018

●10月1日
首集開播
犀利人妻｜陳佩琪

●10月2日
五位巾幗英雄同上節目
上校艦長｜黃淑卿
少校直升機飛行官｜楊韻璇
第一戰術戰鬥機聯隊上尉飛行官｜范宜鈴
中士飛彈班長｜林芷蓮
陸軍航空特戰指揮部空訓中心中士教官｜楊繼婷

2019

●6月21日
富邦勇士 力奪首冠
富邦勇士隊總教練｜許晉哲
富邦勇士助理教練｜吳永仁
富邦勇士隊球員｜洪志善
球評｜陳志忠

●10月11日
鍥而不捨跨國救童
刑事局國際刑警科長｜甘炎民
刑事局國際刑警第一隊長｜張瑋倫
刑事局國際刑警科員｜黃雅如
藝人｜李佩修

2020

●3月31日
大雲時堂YouTube突破10萬訂閱

2022

● 2月4日
大雲時堂YouTube突破20萬訂閱

2023

● 4月17日
疫情指揮中心現場訪談
疫情中心指揮官｜王必勝
疫情中心發言人｜羅一鈞

● 6月9日
台美友好橋梁全集英語播出
AIT處長｜孫曉雅

● 7月31日
播出屆滿四百集
俠客院長｜劉兆玄

● 10月
大雲時堂新書出版

2021

● 5月
疫情期間遵照規範維持正常播出

● 5月29日
首次海外連線訪談來賓
日本資深媒體人｜野島剛

● 9月2日
大雲時堂雙料入圍金鐘獎
生活風格節目獎
生活風格節目主持人獎

● 9月7日
奧運奪金羽球雙雄 父子同框
羽球運動員｜李洋
羽球運動員｜王齊麟
李洋爸爸｜李峻湞
王齊麟爸爸｜王偉建

PEOPLE 510

大雲時堂：做相信的事

作　者—台灣優視媒體科技股份有限公司
圖片提供—台灣優視媒體科技股份有限公司
編輯副總監—何靜婷
主　編—尹蓓芳
封面設計—陳文德
內頁設計—陳文德
排　版—菩薩蠻電腦科技有限公司

董事長—趙政岷
出版者—時報文化出版企業股份有限公司
一〇八〇一九台北市和平西路三段二四〇號三樓
發行專線—（〇二）二三〇六—六八四二
讀者服務專線—〇八〇〇—二三一—七〇五
（〇二）二三〇四—七一〇三
讀者服務傳真—（〇二）二三〇四—六八五八
郵撥—一九三四四七二四 時報文化出版公司
信箱—一〇八九九 台北華江橋郵局第九九信箱
時報悅讀網—http://www.readingtimes.com.tw
法律顧問—理律法律事務所 陳長文律師、李念祖律師
印　刷—華展印刷有限公司
初版一刷—二〇二三年十月二十日
定　價—新台幣四九〇元

時報文化出版公司成立於一九七五年，並於一九九九年股票上櫃公開發行。
於二〇〇八年脫離中時集團非屬旺中，以「尊重智慧與創意的文化事業」為信念。

大雲時堂：做相信的事 / 台灣優視媒體科技股份有限公司著.
-- 初版. -- 臺北市 : 時報文化出版企業股份有限公司, 2023.10

面； 公分.

ISBN 978-626-374-357-1 (平裝)
1.CST: 人物志 2.CST: 電視節目 3.CST: 訪談

783.31　　112015317

ISBN 978-626-374-357-1
Printed in Taiwan